IL LIBRO DEI PRIMATI

THE BOOK OF PRIMATES

GUERNICA WORLD EDITIONS 63

MARIO MORONI

IL LIBRO DEI PRIMATI
THE BOOK OF PRIMATES

A bilingual Italian-English Edition

Translated from Italian
By Mario Moroni with Olivia Holmes

TORONTO—CHICAGO—BUFFALO—LANCASTER (U.K.)

2023

Guernica Editions Founder: Antonio D'Alfonso

Michael Mirolla, editor
Cover and interior design: Errol F. Richardson

Guernica Editions Inc.
287 Templemead Drive, Hamilton (ON), Canada L8W 2W4
2250 Military Road, Tonawanda, N.Y. 14150-6000 U.S.A.
www.guernicaeditions.com

Distributors:
Independent Publishers Group (IPG)
600 North Pulaski Road, Chicago IL 60624
University of Toronto Press Distribution (UTP)
5201 Dufferin Street, Toronto (ON), Canada M3H 5T8

First edition.
Printed in Canada.

Legal Deposit—Third Quarter
Library of Congress Catalog Card Number: 2023934273
Library and Archives Canada Cataloguing in Publication
Title: Il libro dei primati = The book of primates / Mario Moroni.
Other titles: Book of primates
Names: Moroni, Mario, 1955- author. | Container of (work): Moroni, Mario, 1955- Libro
dei primati.
| Container of (expression): Moroni, Mario, 1955- Libo dei primati. English.
Series: Guernica world editions (Series) ; 63.
Description: 1st edition. | Series statement: Guernica world editions ; 63 | Text in original
Italian and in English translation.
Identifiers: Canadiana 20230192793 | ISBN 9781771838153 (softcover)
Subjects: LCGFT: Poetry.
Classification: LCC PQ4873.O6997 L5313 2023 | DDC 851/.92—dc23

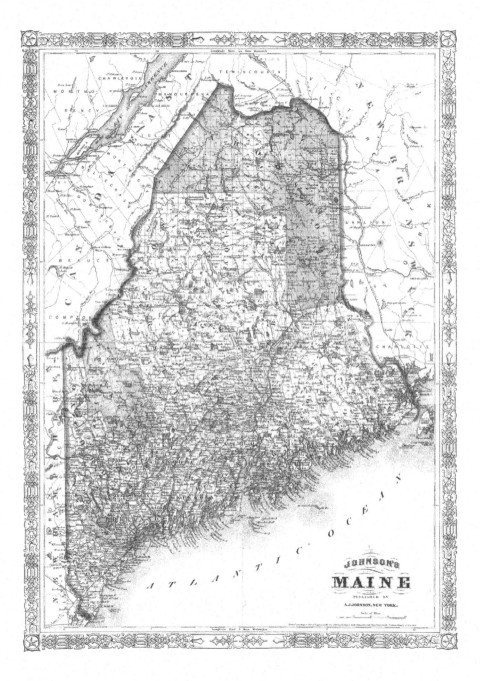

I. Storie del Maine

Se si potessero sapere. Se si potessero sapere tutte le storie racchiuse dentro quelle case vuote, fattorie sparse su tutto il territorio del Maine. Se si potessero recuperare quelle storie che da molto tempo giacciono lì, nelle soffitte, o cantine dei primi coloni del Maine. Si parla di diciottesimo secolo, con poche presenze, solo qualche casa colonica. Tentando di sopravvivere ai rigidi inverni. Neanche la presenza dell'oceano Atlantico poteva aiutare a rendere il clima più mite. Un oceano freddo, da queste parti. Si parla di primi abitanti del Maine che scappavano alla vista delle aragoste che arrivavano dall'oceano, credendole una sorta di mostri dalle lunghe chele, chissà, tutte bianche e rosse, arrancanti sulla sabbia. Avanzavano a grandi gruppi, si racconta, scambiate per creature mitiche e maligne, mentre invece erano lì per farsi cibo, sostentamento. Si dice di come poi quelle stesse aragoste divennero fonte dell'economia del Maine.

Potendole sapere quelle storie, quelle che gli anziani raccontavano ai bambini del Maine, durante lunghi inverni. Quasi vederli, in casa, braccia lungo i fianchi ad ascoltare, o forse seduti, senza proiezioni su uno schermo, senza cinema, senza rancore e con un sorriso sulle labbra. Alzando le mani, a volte, gli anziani indicavano un'ombra sulla parete, una direzione, un gesto di un personaggio della storia. Così, con i cavalli nel cielo basso della prateria, indicando la porta di casa, oltre la quale si apriva l'oscurità, lo scenario reale delle storie del Maine.

Dopo quei racconti degli anziani, il tentativo di scrivere qualcosa su un quaderno. Con i cavalli ormai lontani, la gioventù ormai lontana, quei bambini del Maine diventavano anziani e da quei loro quaderni raccontavano storie ad altri bambini, nei lunghi inverni, con alcune case in più che li circondavano. Ancora senza schermi, senza rancore. Mani a volte verso il cielo indicando praterie, carovane in viaggio e solo un segno: il dito puntato ad ovest. Così, bambini quasi dormienti, nella sera precoce, spesso fredda, quando era meglio costruirseli da svegli i sogni che aspettare che arrivassero nel sonno. Quindi solo segni degli anziani che lasciavano poche parole su una tavola, o in un quaderno.

I. Tales of Maine

If they could be known. If all the tales shut up in those empty houses, farms scattered across the state of Maine could be known. If the stories that have been lying there for so long, in the attics and basements of Maine's first settlers could be recovered. There is talk of the eighteenth century, with its scarce presences, just a few settlers' houses. Trying to survive the rigid winters. Not even proximity to the Atlantic Ocean could make the climate milder. A cold ocean, around these parts. There is talk of Maine's first inhabitants who ran from the sight of lobsters coming from the ocean, believing them to be some sort of long-clawed monsters, who knows, all white and red, crawling up onto the sand. They tell how they advanced in big groups, mistaken for mythical harmful creatures, whereas they were there to be made into food, to be eaten. They say that later those same lobsters became the source of Maine's economy.

If those stories could be known, the ones that Maine's old folk told children during the long winters. They can almost be seen, at home, standing with their arms at their sides listening, or maybe sitting, without projections on a screen, without movies, without bitterness, a smile on their lips. Raising their hands sometimes, the old folk pointed to a shadow on the wall, a direction, a gesture or character in the story. Thus, with the horses in the low skies of the meadow, pointing out the front door, beyond which darkness opens up the true scene of Maine's stories.

After the old folk's tales, trying to write something in a notebook. The horses long gone by now, youth long gone, Maine's children become old and tell stories from their notebooks to other children, during long winters, with a few more houses around them. Still without movie screens, without bitterness. Hands sometimes pointing skyward to meadows, to wagon trains on route and only one sign: a finger pointing west. Thus the children almost asleep, in the precocious evening, often cold, when it was better to make up dreams while still awake than to wait for them to arrive in sleep. Thus only signs of the old folk, who

Piccoli disegni per i bambini del Maine, segni di quelle storie che cominciavano la sera.

Se solo lo avessero saputo, i bambini del Maine, che dopo quelle storie sarebbero diventati anziani e, a loro volta, avrebbero raccontato storie ad altri. Ora in una cittadina sempre più grande, con il futuro scritto sul quaderno. Ora con lo schermo di un cinema, su cui i sorrisi emergono nel buio e a volte fanno paura. Ancora segni verso ovest, animali sparsi nella memoria, completamente dispersi nella prateria, ricomporli diventa sempre più difficile. Nella notte ora fredda come in un film. Sera dei bambini del Maine, in sonni profondi, voci leggere e piccoli animali che hanno perso la direzione. Parole che oggi vengono scritte sui muri, prima di prendere un autobus e partire, magari verso ovest, destino dei bambini del Maine, prima di diventare anziani.

Sfidare il gelo dell'inverno del Maine, sperando di lasciare qualche segno di sé. Ecco il sogno dei bambini del Maine. Con le loro sagome che appena sfiorano la superficie della sera. Con lo sguardo che visita la costa tagliente. Qualcosa da far ricordare agli altri, da anziani, ad altri bambini del Maine che verranno dopo. Con un sole sempre più visibile si può forse lasciare la storia delle aragoste, visitatrici di quella stessa costa molto tempo prima. Strana storia, quella dei bambini del Maine, scritta al singolare? Scritta al plurale? Scritta sulla sabbia? Scritta sulla neve?

Storie del Maine, mai completamente identificate, o perfino ascoltate. Strana storia, quella del Maine, raccontata per sentirsi vivere, raccontata per pronunciare un nome. Perfino nei sogni ci si alza presto nel Maine. Così, nel silenzio, ripensando a tutto ciò che è accaduto. Per anni fermo, per anni in movimento. Perfino nei sogni ci si guarda allo specchio nel Maine. Perfino nei sogni non si conosce la conclusione della storia nel Maine. Così si custodisce il Maine, in mezzo alla neve, con la curiosità dell'ospite che sa la data d'arrivo ma ignora quella di partenza. A pensarci bene, che cosa si racconti oggi nel Maine nessuno lo sa. Sta forse scritto in qualche quaderno, ma chi ce l'ha lo tiene ben custodito, felice di tenersi quel segreto.

left a few words on a table, in a notebook. Small drawings for Maine's children, signs of those stories that started in the evenings.

If only they had known, Maine's children, that after those stories they would get old and, in their turn, tell stories to others. In a small city now getting bigger and bigger, the future written in the notebook. With a movie screen now, on which smiles emerge from the dark and are sometimes frightening. Signs still pointing west, animals scattered across memory, spread out over meadows, making them up again gets harder and harder. In the now cold night as in a movie. Dusk of Maine's children, deep asleep, soft voices and small, lost animals. Words that are written today on walls, before taking a bus and departing for the west, maybe, the destination of Maine's children, before they got old.

Defying the cold of Maine's winter, hoping to leave a sign of self. Here is the dream of Maine's children. With their outlines that almost touch the evening's surface. With their gazes that trace the sharp coast. Something to recall to others, when they get old, to remind Maine's children to come. With a more and more visible sun, maybe we can forget the story about the lobsters, who visited that same coast a long time before. A strange story, about Maine's children, written in the singular? In the plural? In the sand? In the snow?

Tales of Maine, never completely identified, or even heard. A strange story, that of Maine, told so as to feel oneself alive, so as to say a name aloud. Even in dreams you get up early in Maine. Thus, in the silence, thinking back on everything that happened. Standing still for years, in motion for years. Even in dreams you look in the mirror in Maine. Even in dreams the end of Maine's story isn't known.

In this way Maine is preserved, in the middle of snow, with the curiosity of the guest who knows his date of arrival but not of departure. Come to think of it, nobody knows what tales they tell in Maine today. Maybe it's written in some notebook, whose owner keeps it hidden, happy to keep that secret.

II. Sogni del Maine

Sogni del Maine, proprio ora, un po' più avanti. Proprio ora nel Maine, dove i sogni scorrono più avanti nel letto di un torrente, dove lo spazio è più aperto. Qua e là appare un sentiero nei sogni che si sognano nel Maine. Un sentiero stretto, con rocce a strapiombo, che costringono a tornare, a non correre il rischio di sprofondare giù. Pietre del Maine, che cadono nei crepacci, a destra o a sinistra. Al loro rumore fa seguito l'eco, nitido, seguito forse da uno scoppio di voci. Memorie del Maine, che nelle voci fanno risuonare un altro eco, attutito e netto. Ma chi può gridare nel corso dei sogni che si sognano in Maine? Se tutti tacciono ora, nella veglia o nel sonno, non sapendo dove andare, non sapendo dove il sogno del Maine li conduce. Quindi accordano i passi su quelli di coloro che li precedono. Formano una fila ininterrotta ora, lungo la costa del Maine, come quella di una processione, che trascina tutti con sé. Solo echi delle voci, ritardati, vibrati, grida di richiamo o d'addio.

E' così che si misurano i giorni e le notti nei sogni che si sognano in Maine. Lo si capisce solo ora, dopo aver attraversato il velo trasparente, di un bianco opaco che scivola lungo la costa, la scopre in tutta la sua altezza e tocca finalmente il suolo, sfiora le pietre, i capelli, le stoffe. Rialzando la testa ci si ritrova con il chiarore della luna, che spunta da dietro i vetri, da dietro le vette turbate dalla sonnolenza. Così ci s'immerge nella zona d'ombra, una volta risvegliati dal sogno del Maine. Ci si distende sulla sabbia asciutta, ci si annida in luoghi conosciuti. Per poi ripiombare nel sopore, quasi subito, dolenti ed infantili, con il respiro che si sente appena, le gambe che si piegano.

Nei sogni che si sognano nel Maine il luogo è quasi sempre coperto di vegetazione. Dietro di esso si apre un incavo, grotta o caverna, dall'entrata bassa e stretta. La linea di separazione tra chiarore e oscurità è sottile. Si rifluisce verso un orlo, verso la parete verticale che si prolunga a monte fino ad una specie di svasatura, o forse una piazzola, poi si abbassa, flettendosi verso nord, fino a toccare i confini del Maine, le terre sconosciute sull'altro versante. Dopo poco si ritorna sulla superficie liscia del sogno del Maine, come in tutti i sogni che

II. Dreams of Maine

Dreams of Maine, right now, a little further on. Right now in Maine, where dreams flow a little further down the stream's bed, where there's more space. Here and there a path appears in the dreams dreamt in Maine. A narrow path, with steep rocks, that make you turn back, so as not to run the risk of falling off. Maine's rocks, that fall into the clefts, to the right and left. Their sound is followed clearly by an echo, followed maybe by an explosion of voices. Memories of Maine, where you hear in the voices another echo, hushed and sharp. But who can cry out in the middle of dreams dreamt in Maine? If everyone is quiet now, awake or asleep, not knowing where to go, not knowing where Maine's dream leads them. So they stay in step with those who came before. They stand in an endless line now, along Maine's coast, like a procession that drags everything along with it. Only echoes of voices, delayed, vibrating, shouts of hello or goodbye.

Thus the days and nights of the dreams dreamt in Maine are measured. They understand it only now, after passing through the transparent veil, of an opaque white that slides along the coast, they discover it in all its length and finally touch ground, brush past the rocks, the hair, the fabric. Lifting their heads again they find themselves in moonlight, which shines from behind the windows, from behind the peaks disturbed by sleepiness. So they come out in a region of shadow, when they awake from the dream of Maine. They lie down on the dry sand, they nest in familiar places. Then they drowse off, almost immediately, aching and childlike, with breath that can barely be heard, on bent knees.

In the dreams dreamt in Maine, the place is almost always covered with vegetation. Behind it a hollow opens, a cave or a cavern, with a low, narrow entrance. A thin line divides light from darkness. It flows back towards an edge, towards a vertical wall that climbs up to a kind of shelf, or maybe a ledge, then drops back, bending northward, until it reaches the borders of Maine, the unknown lands on the other side. After a bit it returns to the smooth surface of the dream of Maine, as

si sognano nel Maine. Una forma dai contorni vaghi, ombra di una qualche asperità che sporge dal crinale opposto. Si vede una scena animata, che si sposta lentamente in direzione della costa. Poi fuggono figure che il sogno del Maine aveva appena evocato.

Ogni urgenza svanisce alla fine del sogno del Maine. Ogni fatica imposta, ogni incarico. È venuta l'ora? È questa la domanda che ci si fa alla fine dei sogni che si sognano nel Maine. Un velo riappare, trasparente. Un po' più tardi, gli astri scompaiono dietro la cima delle montagne del Maine. L'intero burrone si trova immerso nell'oscurità. Allora si riaprono gli occhi, ci si alza. È qui che si veniva sempre a giocare e come facendo marcia indietro si riprende la via del ritorno. Riappare il paesaggio cancellato, le stelle, giù in basso si va verso il villaggio, sulla penisola, oltre il lago, oscillando, fino alla prossima volta, al prossimo sogno del Maine.

in all the dreams dreamt in Maine. A form with vague outlines, the shadow of some unevenness sticking out from the opposite ridge. You can see an animated scene slowly moving toward the coast. Then the figures that the dream of Maine just evoked have run off.

Every sense of urgency vanishes at the end of the dream of Maine. Every duty or task. Has the time come? This is the question you ask at the end of the dreams dreamt in Maine. A transparent veil reappears. A little later, the stars disappear behind the peaks of Maine's mountains. Dusk falls on the whole gorge. So you open your eyes again, get up. It's here that you always came to play and, as if walking backwards, you find the way back again. The vanished landscape reappears, the stars, down there you go toward the town, on the peninsula, past the lake, oscillating, until the next turn. Until the next dream of Maine.

III. Antiche ballate del Maine

Ballata 1

Con suo padre, senza il padre
con tutti i padri della terra e del vento,
oh padre, padre dell'ultima pioggia,
della terra mai vista, di quella neve
che cadeva sulle ossa dell'uomo
che era caduto senza prezzo, senza vestiti,
disperato senza veli per coprirsi
all'arrivo della morte.

Ah padre, questa è solo
la finzione della morte,
la terra che finge di morire,
invece dorme e aspetta
l'arrivo della primavera,
in modo che le lettere gelate
del suo alfabeto rimangano vive
per poi uscir fuori a perdersi di nuovo
con un nuovo potere, tra frutti e fiori.

Padre, oh padre
dormi come la terra dorme,
dormi come finzione, all'inizio
e alla fine della vita,
non c'è riposo, quando forze vitali
in silenzio lavorano, obbedienti
a qualcosa che sfugge
che la scienza cerca invano.

III. Ancient Ballads of Maine

Ballad 1

With his father, without a father
with all the fathers of earth and wind,
oh father, father of the last rain,
of the unseen land, of the snow
that fell on the man's bones
who fell without price, without clothes,
desperate, without a stitch to cover him
at death's coming.

Ah father, this is only
the pretense of death,
the earth that pretends to die,
but sleeps and waits
for the coming of spring,
so that the frozen letters
of its alphabet stay alive
to then come out and lose themselves again
in their new power, amid fruits and flowers.

Father, oh father
you sleep as the earth sleeps,
as if you were pretending, at the start
and end of life,
there is no rest, when the vital forces
work in silence, obedient
to something fleeting
that science seeks in vain.

Nessun mistero, padre,
non c'è mistero da spiegare
dietro il mormorio della neve,
sotto le scosse che agitano la terra,
sono tutte in attesa le gemme
e con calma aspettano, silenti.

Al momento opportuno
tutte le lettere della pioggia
saranno pronunciate
ed il suolo che sembra sprecato
avrà nuova forza, perciò padre
resta solo la pazienza,
l'attesa del ritorno
dell'ora delle uova
nel cascinale della memoria.

Resta l'attesa, oh padre,
con la pazienza che accoglie
i piccoli miracoli profondi,
sulla cima dell'albero nudo
solo per un momento
saremo ricongiunti,
nella stanza del tesoro
da cui non siamo mai usciti.

No mystery, father,
there is no mystery to be explained,
behind the snow's murmuring
under the shocks shaking the earth,
the gems are all waiting
abiding in stillness, silent.

At the right moment
all the rain's letters
will be spelled out,
and the ground that seems wasted
will have new power, therefore, father,
only patience is left,
the wait for the return
of the hour of the egg
in memory's farmstead.

What's left is the waiting, oh father,
with the patience that welcomes
the deep little miracles
at the top of the naked tree
for only a moment
we will be together again,
in the treasure house
that we never left.

Ballata 2

Forse questa è casa mia, forse,
ma che dico, forse è la casa marina
salata da schiuma trasparente, che dico,
forse è la solita melodia, forse
ora lo dico, adesso sembra strano
senza rocce che rompono il silenzio
sembra vero, ora come allora,
le onde che arrivavano mute
aspettando il gesto dalla riva,
il saluto dalla linea sabbiosa,
sotto il sole che le rovesciava
oppure cantando in movimento,
tu ed io, in movimento
al canto sulle navi, canto in corsa
appena raggiunta la riva,
navi avanti e indietro
come uccelli al tramonto
che volano in silenzio,
risparmiano la voce
per poi poter cantare la solita melodia:

"Se torno la nave sarà già partita,
se parto la nave sarà già tornata"
come in un ciclo, circolo,
pittura sulla parete,
come una melodia.

Ballad 2

Maybe this is my home, maybe,
but what am I saying, maybe this is the sea's house
salted by transparent froth, what am I saying,
maybe it's the usual melody, maybe
now I've got it, now it seems strange
without stones breaking the silence
it seems true, now as then,
the waves that arrived mutely
waiting for a sign from the shore,
a wave from the line of sand,
under the capsizing sun
or singing in movement,
you and I, in movement
to the song on the ships, a song in motion
having just reached the shore,
ships behind and before
like birds at sunset
that silently fly,
saving their voices
for singing the usual melody:

"If I come back the ship will have already departed,
if I leave the ship will have already returned"
a round trip, circular,
a picture on the wall,
like a melody.

Ballata 3

Volo impercettibilmente calmo, come in un film
in cui suo fratello guardava distrattamente la spiaggia,
per poi trovare conforto in una nuvola
su cui l'occhio si posava,
come quella volta, ancora in volo, ma con altri,
non più suo fratello ormai distratto, senza conforto,
con altri che all'epoca parlavano di morte, come la morte
fosse passata calma, in volo, come in un film
a parlare di morte, morte come blocco della foto
remota eppure presente, saluto a due mani
da lontano, nel fotogramma ingiallito, quelli che rimangono
fanno domande, se lo chiedono, dove si va?
Ma sì, c'è da chiedersi, che succede, cosa si vede?

Ora come in un film, ma questa volta all'indietro,
ai giorni di scuola, sulle scale che contengono le impronte
che ancora parlano di lui, come quella volta con i suoi amici,
ancorati alle pagine, a parlare di morte,
era sull'Atlantico, era sul Pacifico?
Da est ad ovest, da ovest ad est, a parlare
da est ad ovest, da ovest ad est per non tornare
non tornare ai giorni della scuola, quelli della pioggia,
irraggiungibili, così ad ovest come ad est.
impercettibili, in volo, a chiedersi, che cosa si vede?
Andando verso ovest, verso est, come sempre
alla fine del ritornello, verso ovest verso est
a chiedersi di nuovo, che cosa si vede?
Perché poi a parlare sono gli altri, che guardano non visti,
non uditi, come in volo, impercettibili, come sempre.

Ballad 3

A still imperceptible flight, as in a film
in which his brother watched the beach distractedly,
to find comfort then in a cloud
on which his eye rested,
like that time, still in flight, but with others,
no longer his brother, by now distracted, discomforted,
with others that at the time spoke of death, as if death
had passed calmly, in flight, as in a film
speaking of death, death like the freeze of a photo
remote and yet present, a two-handed wave
from far off, in the yellowing movie still, those who are left
ask questions, wondering, where do we go?
Indeed, we should wonder, what happens, what can be seen?

Now, as if in a film, but run backwards this time,
to his schooldays, on the stairs that hold the fingerprints
that still speak of him, like that time among friends
anchored to the pages, speaking of death,
was it on the Atlantic or the Pacific?
From east to west, from west to east, speaking,
from east to west, from west to east, not turning back,
not going back to his schooldays, the rainy ones,
unreachable, to the west or east,
imperceptible, in flight, to wonder: what can be seen?
Going westward, eastward, as always
at the end of the refrain, westward eastward
wondering again: what can be seen?
Because it is the others who speak, who look without being seen
or heard, as if in flight, imperceptible, as always.

IV.

Lui che non era mai stato su una roccia della scogliera. Lui che aveva guardato l'Atlantico col fiato sospeso in attesa di una tempesta. Lui che aveva visto le immagini più sublimi della galleria della natura. Ancora lui che dalla foresta aveva raggiunto i laghi ed aveva deciso di non andare oltre. Voleva rimanere sul confine, assalito da un rispetto profondo per quella terra che gli stava sotto e per l'atmosfera piena di nuvole ed acqua. Forse esiste un senso estremo della bellezza. Come in quel punto distante della costa, un luogo isolato, per mezzo secolo tenuto in vita dalla sola presenza di un faro. Qual è la vera importanza della luce? Quella del piacere procurato durante i mesi estivi? Oppure l'attrazione esercitata dagli angoli di roccia illuminati? O forse il conforto dei raggi che attraversano le nuvole?

"Sei stato tu l'unico che ha raggiunto la riva vivo?" Se lo era sentito chiedere molto tempo dopo. Il resto dell'equipaggio era perito. Dopo le sofferenze dovute al naufragio e dopo aver assistito alle sofferenze dei suoi compagni aveva pensato al cibo. Immaginiamo la sua situazione: lontano da altri esseri viventi, in una regione disabitata, anche se c'erano piccoli villaggi di pescatori che avrebbe scoperto solo in seguito. Eppure pensò che nonostante il momento di avversità e sfortuna ci fossero ancora possibilità di sopravvivere. Andò ad esaminare i resti della nave naufragata. Alta marea ed un vento proveniente dalla costa. Cominciò a cercare frammenti del naufragio, oggetti utili e pezzi di pane che diventarono il suo tesoro. Una serie di oggetti che la tempesta aveva risparmiato. Pezzi di vela con i quali costruì una tenda per dormire. E poi carne e vegetali e semi da poter piantare in terra. La stessa nave che gli era stata fatale gli forniva ora la sopravvivenza.

Cominciò a preparare un'abitazione. Piantò fagioli e granturco. Diventava sempre più attaccato a quel luogo, a quel tratto di costa. "Così ogni sfortuna può diventare fonte d'orgoglio" disse il vecchio ai bambini che lo circondavano. "Ma forse ora vi sto annoiando con la storia del naufragio" disse. Non si era accorto che i bambini si stavano per addormentare, con una pace nei loro volti che lo rese felice. Non

IV.

He who had never been on the cliff rock. He who had watched the Atlantic holding his breath, awaiting a storm. He who had seen images more sublime than those in nature's gallery. Again he who from the forest had reached the lakes and decided not to go further. He wanted to stay on the border, assailed by a deep respect for that land below him and for the atmosphere full of clouds and water. Maybe there is an extreme sense of beauty. As on that far point of the coast, an isolated island, kept alive for half a century only by the presence of a lighthouse. What is the real importance of the light? The pleasure that it provides in the summer months? Or the attraction exerted by the brightly lit angles of rock? Or maybe the comfort of the rays that cross clouds?

"Were you the only one to reach shore alive?" he heard asked much later. The rest of the crew had been lost. After suffering the shipwreck and witnessing the suffering of his shipmates, he had thought of food. Let's imagine the situation: far from other living humans, in an uninhabited region, even if there were little fishermen's villages that he'd later discover. Yet, despite the moment of adversity and misfortune, he thought he still had a chance to survive. He went to examine the shipwreck. High tide and an incoming wind. He started looking in the wreck for useful objects and pieces of bread, fragments that became his treasure. A few things saved from the storm. Pieces of sail, which he made into a tent to sleep in. Then meat and vegetables, and seeds to plant in the earth. That same fatal ship now provided for his survival.

He began to prepare a place to live. He planted beans and corn. He became more and more attached to the place, to that stretch of coast. "Thus every stroke of bad luck can become a source of pride," said the old man to the children around him. "But maybe I'm boring you now with the story of the shipwreck." He hadn't noticed that the children were falling asleep, with the peace in their faces that made him happy. He hadn't scared them with the story, but had only told them to believe in the place where they find themselves, to find comfort there, wherever it is, wherever they are. He turned out the light and thought back on

li aveva spaventati con quella storia, gli aveva semplicemente detto di credere nel luogo in cui si trovavano, di trovarvi conforto, qualunque luogo fosse, ovunque si trovasse. Così spense la luce e pensò al suo naufragio solo come ad una storia da raccontare, una delle tante. Una di quelle storie per le serate invernali, quando il dolore dei fatti si è trasformato in immagini da offrire ad altri, ma non per rinnovare in loro il proprio dolore. No, trasformare il dolore in immagini da offrire agli altri in modo che essi possano invece superare il loro dolore.

his shipwreck as only a story to tell, one of many. One of those stories for winter evenings, when the pain of facts is transformed into images to offer others, not for renewing their own pain. No, turning the pain into images to offer others so that they can overcome their own pain.

V.

Giornata completamente calma. Cielo chiaro, poi un film proiettato sulle nuvole. Un film che l'occhio poteva vedere, nessun movimento, tranne quello sullo schermo trasparente, movimento di foglie. Movimenti dei pochi volatili, sensibili al respiro, in cerca di verità. Poi d'improvviso un pesante rombo dall'oceano, rumore sordo, profondo, che cominciava a rompere l'ordine muto della costa. Sempre più sordo, sempre più profondo, cominciava a creare pesanti masse di schiuma, come una neve leggera che andava a posarsi sulla linea costiera. L'enorme calma del film sullo schermo delle nuvole, l'enorme contrasto tra quella calma e la turbolenza dell'oceano. C'era una causa apparente di questo fenomeno? C'erano state tempeste recenti? No, non da lungo tempo nessuna ragione di prevedere questo tumulto delle acque, nessuna ragione che potesse provocarlo.

Un giovane inesperto di mare, seduto sulla spiaggia, con la testa tra le nuvole a godersi quel film, avrebbe potuto domandare, così, spontaneamente: perché? Perché questa ribellione oceanica? Ma per l'individuo dall'anima esperta la scena non era certo strana. Anzi, era molto comune, perfino familiare come le tonalità della luce e del colore marino. Una scena comune che interrompeva quel film calmo, in quel cielo calmo, lo metteva in pericolo, nella mente del giovane inesperto, seduto sulla spiaggia con la testa tra le nuvole. Per l'anima esperta quel fenomeno era fonte di rispetto ed ammirazione, quasi paura, sì, quasi paura, mescolata ad una sapienza antica, formata sulla conoscenza del terribile potere delle acque. Quasi una riverenza verso un dio che poteva magistralmente sollevare le acque, oppure calmare la tempesta. Nella parlata nautica dell'anima esperta c'era un'espressione: "vecchio mare", come ad indicare un vecchio amico, figura familiare e nota, ma le cui ondulazioni lasciavano sempre nel dubbio che in qualsiasi momento la calma potesse trasformarsi in boato, poi la tempesta in calma, poi di nuovo tempesta, poi calma.

Quel film che il ragazzo inesperto sperava di poter guardare indisturbato e all'infinito, sarebbe stato interrotto molte volte, in modo

V.

A completely still day. Clear sky, then a film projected on the clouds. A film that the eye could see, with no movement, except that on the transparent screen, the movement of leaves. Movements of a few birds, sensitive to breath, in search of truth. Then suddenly a heavy growl of the ocean, a deep, deaf sound, that began to break the mute order of the coast. Deeper and deeper, deafer and deafer, it began to make heavy masses of foam, like a light snow that settled on the coastline. The great stillness of the film on the screen of clouds, the great contrast between that stillness and the ocean's turbulence. Was there an apparent cause for this phenomenon? Had there been storms recently? No, not for a long time, there was no reason to expect this tumult of waters, nothing that could provoke it.

A young man without experience of the sea sitting on the beach, with his head in the clouds, enjoying the film, could have asked, just like that, out of the blue: why? Why this oceanic rebellion? But for someone with a soul used to the scene there was nothing strange. On the contrary, it was very ordinary, as familiar as the tones of light, the aquatic colors. An ordinary scene that interrupted the still film, in the still sky, endangered it, in the mind of the inexperienced youth sitting on the beach with his head in the clouds. In the experienced soul, the phenomenon engendered respect and admiration, almost fear, yes, almost fear, combined with ancient wisdom, caused by awareness of the water's terrible power. Almost reverence for a god who could lift the waters magisterially, or calm the storm. In the nautical speech of the experienced soul, there was the expression "the old sea," as if to indicate an old friend, a familiar and known figure, but whose waves left one wondering that at any moment the stillness could turn into a rumbling, then the storm into stillness, then into storm again, then stillness.

The film that the inexperienced youth wanted to watch forever, undisturbed, would be interrupted again and again, in an unpredictable way, anticipated only by a few signs that stopped the movements, and

imprevedibile, anticipato solo da pochi segnali che avrebbero interrotto i movimenti, portato il ragazzo a distogliere lo sguardo dalle nuvole, la sua testa tra le nuvole e guardare in basso, alla superficie spumosa della costa, all'ondulazione delle acque. Allora certo il ragazzo inesperto avrebbe sofferto nel vedere quei segnali tempestosi interrompere la sua visione, la sua testa tra le nuvole. Quel ragazzo inesperto avrebbe rimpianto la calma assoluta, la mancanza d'ondulazioni, come se si fosse trattato di una canzone interrotta, di una danza interrotta. Allora, senza aspettare la fine di quel film, che infatti non sarebbe mai finito, avrebbe continuato ad essere interrotto. Eccoli lì, tutti e due: il giovane inesperto e l'anima esperta.

Eccoli lì, l'uno di fronte all'altra. L'anziano avrebbe potuto avere intorno ai cinquant'anni, nonostante gli effetti del sole e del vento sulla sua pelle gli davano un'età più avanzata. Il giovane era appena quindicenne, appena entrato nella fase di una bellezza sorridente. L'anima esperta poteva solo assistere allo stupore del giovane, stupito di aver dovuto interrompere la visione, ma poi dovette domandare: che film stavi guardando? Il giovane rispose: "Il film delle foglie sfuggenti, dei volatili in cerca di una verità". Allora l'anima esperta suggerì: "Il film si è interrotto solo per alcuni momenti, lo riprenderai, sarà sempre lì, ad aspettarti, ma in più la prossima volta avrai da mettere l'esperienza di tuo, quella della tempesta, anzi il film sarà più vivace e colorato". "Come" disse il giovane "se il film s'interrompe per queste tempeste, come posso tenerne vivo il filo?" "Non c'è continuità senza interruzione, non c'è calma senza tempesta. Non sperare più di non essere interrotto". Il giovane inesperto si sentì morire, come far vivere la sua ricerca di verità con quei tumulti, con la superficie acquatica così ribelle, imprevedibile? Voleva abbandonare, abbandonarsi, cancellare tutto ciò che aveva scritto. Ma arrivato all'ultima riga, ecco di nuovo l'anima esperta: "Non tutto è perduto" disse "sopravvivrai e vivrai a lungo e farai vivere con te quel film e la tempesta".

made the boy look away from the clouds, his head in the clouds, and look down, at the frothy surface of the coast, the waving of the waters. Then the inexperienced boy would certainly suffer to see the stormy signs hinder his vision, his head in the clouds. The inexperienced boy would miss the absolute stillness, the lack of waves, as if it were an interrupted song, an interrupted dance. Then, without waiting for the end of the film that, in fact, would never end, would go on being interrupted. There they were, both of them: the inexperienced youth and the experienced soul.

There they were, facing each other. The older one must have been about fifty, although the effects of the sun and wind on his skin made him look older. The youth was about fifteen, having just reached the phase of smiling good looks. The experienced soul could only witness the young man's amazement, amazed at the hindrance to his vision, but then he had to ask: what film were you watching? The young man answered: "The film of the fleeting leaves, of the birds in search of truth." Then the experienced soul suggested: "The film has just stopped for a few moments, you will pick it up again, it will always be there waiting for you, but next time you'll be able to add to it your own experience of the storm, and the film will be brighter and more colorful." "But how," asked the youth, "if the film is stopped by these storms, how can I follow it?" "There is no continuity without interruption, there is no stillness without storm. Don't hope any more for the film not to stop." The inexperienced youth felt like he was dying, how could his search for truth survive those tumults, with the water's surface so rebellious and unpredictable? He wanted to give it up, to give up, to erase everything that he had written. But having reached the last line, the experienced soul reappeared: "Nothing is lost," he said. "You will survive and live a long time and bring to your life that film and the storm."

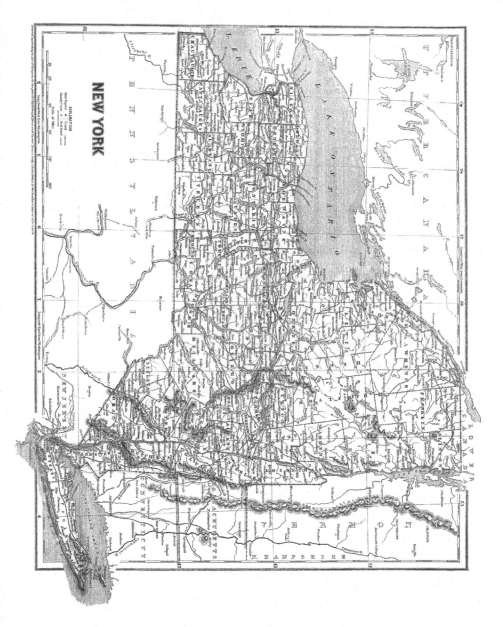

VI. Il viaggiatore incerto
nello stato di New York

Per ogni mappa visitata ci sono dei segreti. In ogni mappa che si guarda ci sono mille nomi, come sulla mappa dello stato di New York. Itinerari tutti da vedere, da immaginare, tutti entro i confini dello stato di New York. Perché poi quali sono i segreti dello stato di New York, della sua mappa? Ora il viaggiatore incerto naviga la mappa e trova nomi come Troy, Syracuse, Rome, Cicero, Paris, Naples, Athens, Greece, Sparta, Florence, Damascus, Barcelona, Jerusalem. Visitatore disperso per il mondo sulla mappa che porta i nomi del mondo, delle sue città, di luoghi antichi. Perché forse l'assenza di un'antichità provoca bisogno di portarsela vicina, a casa, quell'antichità, per mezzo di nomi, perché poi è il nome che dà sostanza alla mappa e le dà un'antichità desiderata e mai posseduta, una memoria classica mai posseduta.

Ecco il viaggiatore incerto, di notte sulla strada o sulla mappa, a percorrere miglia e miglia in autostrada oppure a viaggiare nei centimetri della mappa, dei suoi nomi. A che servono i nomi? Nomi di città mai viste. Questo si chiede il viaggiatore incerto, sulla strada o sulla mappa. E dove portano i nomi? Si possono ritrovare le ricchezze di Damasco e le sue spezie e le parlate antiche e gli antichi tappeti, a Damasco, nello stato di New York? Si può ritrovare la filosofia antica ad Atene, nello stato di New York? Si può combattere di nuovo alla maniera antica nella città di Sparta, nello stato di New York? E poi si può forse recuperare una parlata latina, con la sua retorica, nella città di Cicerone, nello stato di New York? O forse si può navigare il Tevere, magari di sera, con amici, dispersi in un sogno, nella città di Roma, nello stato di New York? O assaporare il mare all'alba e le parlate dei molti popoli che vi hanno parlato per secoli, ed il suono e rumore, tutto questo a Napoli, nello stato di New York? Che dire delle "ramblas", allora, quelle stradine strette che conducono al porto della città di Barcellona, quelle dei traffici di secoli, dei piedi calpestati, degli idiomi scambiati e contratti e amalgamanti, si possono ascoltare a Barcelona, nello stato di New York? O le preghiere antiche, quelle dei rabbini, di un tempo immemore, poi contratto d'improvviso,

VI. The Uncertain Traveler
in New York State

In every map that you visit there are secrets. On every map that you look at there are a thousand names, like on the map of New York State. Itineraries to see, to imagine, all within the borders of New York State. But what are the secrets of New York State, of its map? Now the uncertain traveler is navigating the map, he finds names like Troy, Syracuse, Rome, Cicero, Paris, Naples, Athens, Greece, Sparta, Florence, Damascus, Barcelona, Jerusalem. Now the traveler is lost in the world, on a map that shows names of places in the world, of its cities, of ancient places. Because maybe the absence of antiquity generates the need to bring that antiquity close, at home, through names, because, in the end, it is the name that gives substance to the map, that provides the map with an always desired, never owned, antiquity, a never owned classical memory.

Here is the uncertain traveler, at night, on the road or on the map, covering miles and miles on a highway or traveling for a few inches of the map, of its names. What is the purpose of names? Names of cities never seen. This is what the uncertain traveler is asking himself, on the road or on the map. Where do names lead? Can one recover the riches of Damascus, and its spices, and ancient way of speaking, and ancient carpets, in Damascus, in New York State? Can one recover ancient philosophy in Athens, in New York State? Can one fight again, in the ancient fashion, in the town of Sparta, in New York State? Can one recover Latin speech, with its rhetoric, in the town of Cicero, in New York State? Or can one maybe sail the river Tiber, maybe in the evening, with friends, dispersed in a dream, in the town of Rome, in New York State? Or taste the sea at down and listen to the dialects of the many people who have spoken there for centuries, and to the sound and noise, all this in Naples, in New York State? What about the "ramblas," those narrow streets that lead to the harbor in the city of Barcelona, those streets of commerce for centuries, of trampled feet, of exchanged, contracted, amalgamated idioms, can these be heard in the town of Barcelona, in New York State? Or the ancient prayers, of the

ricostituito in voci alterne negli spazi delle sinagoghe, si può sentire la preghiera a Jerusalem, nello stato di New York?

Il viaggiatore incerto si risveglia, forse si trova ora in un albergo, a metà strada, ma tra dove e dove? In un punto intermedio, lontano da tutto, vicino ad ogni cosa. È lì, nella stanza d'albergo, che il viaggiatore torna sulla mappa, come se non l'avesse mai vista, come se stesse cercando di capire. I nomi sono stati spostati, si è forse cercato di ricreare una storia, una civilizzazione, o molte civilizzazioni. Il sogno ha mostrato al viaggiatore una mappa complessa. Gli ha indicato gesta grandiose, luoghi favolosi. Il viaggiatore incerto guarda fuori della finestra, di fronte a sé vede solo una stazione di servizio, più in là un segnale stradale che dice: "Rome, 75 miles". Che cosa si nasconde nei nomi, che cosa contengono i nomi? Sono essi contenitori vuoti, solo indici di presenza geografica? Sono solo fantasmi fonetici? Cosa sono i nomi di città sulla mappa dello stato di New York? Forse comunicano l'essenza delle gesta, l'essenza del tempo, che ora è trasferita qui alla stazione di servizio, dove il viaggiatore, incerto, sta per salire di nuovo in macchina per percorrere ancora molte miglia, sulla base della mappa dello stato di New York. Dove si va guidando nello stato di New York, dove si approda? È ancora visibile la costa della città di Roma, come ad Enea, reduce dalla guerra di Troia, l'agorà di Atene, è forse qui allo "shopping mall" di Athens, nello stato di New York? E forse quei soldati in uniforme e grosse jeep sono forse quelli i reduci di una guerra tra Sparta ed Atene, adesso qui sull'autostrada, dove il viaggiatore incerto continua il suo viaggio nello stato di New York. Allora, forse, è vero, forse, sì, si possono ritrovare dipinti del Rinascimento a Florence, nello stato di New York? O forse no, proprio no, non si può ritrovare nulla. Allora, pensa il viaggiatore incerto, allora i nomi sono esche, proprio come quelle per attirare i pesci, sì per fargli credere che lì ci sono gesta, lingue, idiomi, passi, luoghi, lì in quei nomi, in quelle città nello stato di New York.

Così il viaggiatore incerto ora capisce il gioco, è fatto per attirarlo lì, nel nome, sulla mappa, sulla strada, così quando arriva nelle città dello stato di New York si trova nel futuro, invece che nel passato. Il passato è esca, dunque, è modo d'attrazione, sortilegio e fascino che funziona nei sogni del viaggiatore incerto, perché il viaggiatore incerto,

rabbis, in an immemorial past, then suddenly shrunk, reconstituted in alternating voices in the spaces of synagogues, can one hear those prayers in Jerusalem, in New York State?

The uncertain traveler wakes up, maybe in a hotel, in between, but between where and where? At an intermediate point, away from all things, close to everything. It is there, in the hotel room, that the traveler goes back to the map, as if he had never seen it, as if he were trying to understand. The names have been moved, maybe they tried to recreate history, civilization, or many civilizations. The dream has shown the traveler a complex map. It has recalled grand deeds, fabulous places. The uncertain traveler looks out the window, he sees only a gas station in front of him, next to a street sign that says: "Rome, 75 miles." What hides behind names, what do names contain? Are they empty containers, just signs of geographical presence? Are they only phonetic ghosts? What are the names of cities on the map of New York State? Perhaps they convey the essence of the deeds, the essence of time, which is now here at the gas station, where the uncertain traveler is about to get in his car again to cover still more miles, based on the map of New York State. Where does one go driving in the state of New York, where does one arrive? Is the coast of Latium still visible, like to Aeneas, after the Trojan war? Is the Athens agora maybe here at the shopping mall of Athens, in New York State? Maybe those soldiers in uniforms and big jeeps are those back from a war between Sparta and Athens, here, now on the highway, where the uncertain traveler continues his journey through New York State. Then maybe it's true, maybe, yes, one can find Renaissance paintings in Florence, in New York State. Or maybe no, just no, one can't find anything. Then, the uncertain traveler thinks, then the names are bait, just like those to attract fish, yes, to make him believe that there are deeds, languages, idioms, places, there in those names, in those cities of New York State.

So the uncertain traveler now understands the game, it is done to attract him there, to the name, on the map, on the road, so that when he arrives in the cities of New York State he finds himself in the future, rather than the past. Thus the past is bait, it is a means of attraction, a trick, an appeal that works in the uncertain traveler's dreams, because the uncertain traveler is, in fact, seeking the future. Yes, this is what

cerca, in effetti, il futuro, sì questo cerca, ma vuole un poco di passato, magari passato remoto, come nella coniugazione del tempo verbale, come nelle città, un poco di passato in quei nomi per sentirsi sulla via giusta, nella giusta direzione verso il futuro. Così ci passa da quei nomi, il viaggiatore incerto, passa sulla strada o sulla mappa delle città nello stato di New York.

he seeks, but he wants a bit of past, maybe "remote past," like the conjugation of Italian verbs, like in the cities, a bit of past in those names to feel one is on the right path, headed in the right direction toward the future. This is how the uncertain traveler passes through those names. He goes down the road or down the map of the cities of New York State.

VII. Suoni e leggende lungo il lago Seneca

Per centinaia di anni, tanto quanto la memoria può tornare indietro, per centinaia di anni, tanti quanti i suoni uditi nelle estati calde, di notte, strani suoni sentiti lungo il lago Seneca. Gli antichi indiani dicevano che si trattava dei suoni di tamburi dei loro antenati. Dicevano che si trattava di suoni maligni o addirittura di messaggi divini. La natura di questi suoni rimane ancora oggi misteriosa. Ancor più misteriosa essa appare al visitatore ignaro, arrivato fin qui alla fine di un lungo viaggio, forse solo mentale, senza mappa, forse guidato da un istinto.

Ciò che si ode ma non si vede, ciò che si recepisce in lontananza, ma non è accessibile all'occhio, alla comprensione. Allora ecco che nel tempo, per secoli, nomi sono stati dati ai suoni uditi lungo il lago Seneca. Qualcuno li ha chiamati "Tamburi sul Seneca", altri "Pistole del lago Seneca", per via dei suoni che sembrano spari. Ecco che la mente del visitatore ignaro percorre la riva del lago Seneca. Lui, arrivato qui dopo un viaggio ipotetico, oppure semplicemente in macchina. Ecco che il visitatore entra nella dimensione dei suoni del lago Seneca. Vuol capire perché nel tempo la causa dei suoni abbia dato luogo a così tante speculazioni. Vuol così entrare in quei suoni. Si tratta di spari di cannoni? Se è così, di quali cannoni si tratta, una guerra ha avuto luogo sul lago Seneca? E da quale direzione vengono i suoni lungo il lago Seneca. Il visitatore si apposta, allora, ma i suoni provengono da tutte le direzioni, sono udibili lungo l'intero lago ed echeggiano. O forse si tratta di un fenomeno geologico, pensa il visitatore. Qualcosa di simile a gas sotterranei che emettono bolle d'acqua nella profondità del lago, le quali sprigionano poi rumore. Cerca così la spiegazione scientifica, dopo che quella mitica è stata già presa in considerazione. Il visitatore cerca di andare indietro nel tempo, il più possibile lontano, alle origini dunque, alla formazione del lago. Scopre che il lago Seneca è stato formato da ghiacciai nell'era del Pleistocene, quasi un milione di anni fa. Tempo che fa paura, tempo che crea paura del tempo. Lontanissimo, distanza enorme, incalcolabile, per la mente del visitatore. Ma c'è anche la profondità del lago Seneca, profondità

VII. Sounds and Legends along Seneca Lake

For hundreds of years, as far as memory can go, for hundreds of years, as many as the sounds heard in the hot summers at night, strange sounds heard along Seneca Lake. The ancient Indians used to say that those were the sounds of their ancestors' drums. They used to say they were evil sounds or even divine messages. To this day, the nature of these sounds remains a mystery. It feels even more mysterious to the unaware visitor, who arrived here at the end of a long journey, maybe just a mental one, without a map, maybe led by instinct.

What can be heard, but not seen, what is perceived in the distance, but is not accessible to the eye, to comprehension. Therefore, over time, for centuries, names have been assigned to the sounds heard along Seneca Lake. Someone called them "Drums on Seneca," others "Guns of Seneca Lake," because the sounds resemble gunshots. Now the unaware visitor's mind goes along the shore of Seneca Lake. He, who arrived here after a hypothetical journey, or just in his car. Now the visitor enters the realm of Seneca Lake's sounds. He wants to understand why, over time, the sounds' origin has given rise to so many speculations. He wants to enter those sounds. Are they gunshots? If so, what guns? From a war that took place on Seneca Lake? Where do the sounds along Seneca Lake come from? The visitor lies down, the sounds come from all directions, they are audible all along the lake, and they resound. The visitor thinks that maybe it's a geological phenomenon. Something similar to a subterranean gas that delivers water bubbles in the lake's depth and these, in turn, generate noise. Thus he seeks the scientific explanation, after the mythical one has already been considered. The visitor tries to go back in time, as far back as possible, to the origins then, to the lake's formation. He finds out that Seneca Lake was formed by glaciers in the Pleistocene era, almost a million years ago. Time that frightens, time that generates fear of time. Extremely distant, an enormous distance, incalculable, for the visitor's mind. But there is also the depth of Seneca lake, a huge depth for a lake: 630 feet. Some believe that the lake's bottom has never been

enorme per un lago: 630 piedi. Anzi, qualcuno pensa che il fondo del lago non sia mai stato trovato veramente, quindi quel 630 potrebbe anche essere solo un numero approssimativo.

Mistero del lago Seneca, mistero e paura nella mente del visitatore. Al punto che ora vede misteri sommersi sul fondo del lago. Poi la quantità d'acqua, enorme anch'essa, per il visitatore: 4.2 trilioni di galloni. Poi un'altra legenda, che ora invade ancor di più il visitatore ignaro: nel fondo del lago potrebbero esserci passaggi segreti che lo collegano forse all'oceano Atlantico. Un altro mistero per il visitatore. Storie di corpi umani che annegati nell'oceano sono stati trovati nel lago e poi lo strano sapore leggermente salino, ora che il visitatore porta un po' d'acqua alla sua bocca, segno di collegamento con l'oceano? Segno d'infiltrazione del sale che arriva fino al lago?

Rimane la potenza del lago Seneca, in un mistero che dura da milioni di anni, tempo che cavalca altro tempo, acqua che scorre con altra acqua. Come tempo ed acqua scorrono nella mente del visitatore. Acqua nelle vene del tempo, tempo nel flusso delle correnti d'acqua. Si può solo osservare, sola attività rimasta ora al visitatore ancora ignaro, solo gesto possibile per lui, arrivato qui sulla base di una mappa segnata solo in parte, sola direzione possibile per lui. Lui ora da solo, nella sola zona concepibile, sulla riva del lago a tracciarne il perimetro, confine, possibilità di controllo dello spazio? No, solo illusione del controllo, tentativo di auto-protezione contro la paura del tempo, di quei suoni nello spazio, del mistero del lago Seneca che lo avvolge e lo lascia lì, seduto, come per un attimo a confronto con quell'enormità, alla quale si espone, lui, visitatore ignaro, ignorando tutto e ricominciando da capo.

actually found, that therefore 630 feet could be just an approximate number.

Mystery of Seneca Lake, mystery and fear in the visitor's mind. To the point that he now sees mysteries at the lake's bottom. Then there's the amount of water, a huge amount, for the visitor: 4.2 trillion gallons. Then another legend, that now overwhelms the unaware visitor even more: at the lake's bottom there may be secret passageways that connect it to the Atlantic Ocean. Another mystery for the visitor. Stories of human bodies that drowned in the ocean and were found in the lake, then the strange slightly salty taste, now that the visitor brings some water to his mouth, is it a link to the ocean? A sign of infiltration of salt that reaches the lake?

What remains is Seneca Lake's power, in a mystery lasting millions of years, time that rides more time, water that runs with more water. As time and water run in the visitor's mind. Water in time's veins, time of the water currents' flux. One can only observe, the only activity left to the still unaware visitor, the only possible choice for him, who arrived here following a map only partially marked. The only possible direction for him. He, who is now alone, in the only conceivable zone, on the lake's shore, to trace its perimeter, borderline, is it possible to control space? No, only the illusion of control, an attempt to protect oneself against the fear of time, of those sounds in space, of Seneca Lake's mystery, which wraps him and leaves him there, sitting, facing for a moment that enormity, to which he exposes himself. He, the unaware visitor, ignoring everything now and starting all over again.

VIII. Il mostro del lago Seneca

Molte sono le storie del lago Seneca. Molti racconti che passano davanti agli occhi del viaggiatore assente. Lui diventato ora, egli stesso, una mappa. Mappa mentale di un territorio dai confini incerti, incerti come incerte sono le storie del lago Seneca. Ad esempio, a cosa si riferivano due giornali locali, il Geneva Gazette e il Rochester Herald, un giorno imprecisato nell'estate dell'anno 1900, quando entrambi riportarono un misterioso evento capitato sul lago Seneca. Cercavano forse di fare sensazione, notizia a sorpresa, scherzo di cattivo gusto, falsa informazione. Non ne sa molto il viaggiatore assente, tranne il fatto che un capitano di battello a vapore aveva notato il relitto galleggiante di una barca. Ma poi da vicino, da più vicino, aveva visto che di relitto non si trattava, bensì di una forma in movimento, scatto rapido, come da serpente, con occhi da pesce, due feroci file di denti triangolari, una testa lunga quattro piedi e il corpo ricoperto di materia che sembrava quella del dorso delle tartarughe. Notizia clamorosa, per quel giorno d'estate del 1900. Giorno soleggiato in cui il capitano di battello immediatamente puntò verso il mostro ad alta velocità, così riferirono i giornali, e colpì il mostro, lo ferì, cercò di prenderlo, ma questo scomparve nella profondità del lago.

Questi i fatti, una storia vecchia, forse raccontata da più fonti che poi, anche dopo i giornali dell'epoca, ne hanno alterato i contorni. Il viaggiatore assente deve ora domandarsi se la fantasia popolare non abbia mescolato storie di mostri del lago con mostri mitici, o forse mostri solo umani usciti a vagare dalle coscienze di una nazione in cerca di se stessa. Come quei mostri della storia, fatti di molte storie, mostri che emergono e definiscono le cose, la mostruosità innata nella cultura che deve conquistare territori, dove gli indiani stessi erano un po' mostri e certo si avvalevano di figure mostruose nel loro repertorio mitico.

È qui che il viaggiatore assente, deve fermarsi con la propria mente, bloccare l'immagine del mostro e riportarla come a fotogrammi separati, uno dietro l'altro alla tradizione di mostri e draghi. Cosa

VIII. The Monster of Seneca Lake

Many are the stories of Seneca Lake. Many are the tales that pass by the absent traveler's eyes. He himself, by now, has become a map. A mental map of a territory of uncertain boundaries, uncertain like the uncertain stories of Seneca Lake. For example, what did two local newspapers – the Geneva Gazette and the Rochester Herald – refer to one unspecified day in the summer of 1900 when they reported a mysterious event that occurred on Seneca Lake. Maybe they tried to make a sensational, surprising news story, a bad joke, fake news. The absent traveler does not know much about it, except that the captain of a steamboat had noticed the floating wreckage of a boat. But at a closer look, he had seen that it wasn't a wreck, it was, rather, a shape in motion, with a quick sliver, like a snake, with the eyes of a fish, two wild rows of triangular teeth, a four- foot-long head, and a body that seemed covered with tortoise shell. Astonishing news, for that summer day in 1900. It was a sunny day when the steamboat captain aimed at the monster at high speed, according to the newspapers, and hit it, wounded it, tried to catch it, but it disappeared into the lake's depth.

These are the facts, an old story, maybe told by multiple sources that, even following the newspapers of the day, altered its details again. The absent traveler must now ask himself if the imagination may have confused stories of lake monsters with mythical ones, or maybe with monsters that are only human, unleashed by the conscience of a nation in search of itself, like those monsters of history, made of many stories, monsters that surface and define things. The inborn monstrosity in a culture that must conquer territories, where the Indians were themselves a sort of monster, and made use of monster-like figures in their mythological repertory.

It is here that the absent traveler must stop his mind, block the monster's image and bring it back in separate frames, one after the other, to the tradition of monsters and dragons. What is he looking for in this tradition: a possible explanation? A reason for monsters' existence? Is he trying to exorcise the monsters? Monsters of history and of life, our

cerca in questa tradizione, una spiegazione? Un motivo razionale per l'esistenza di mostri? Cerca di esorcizzare i mostri? Mostri della storia e della vita, mostri nostri, mostri interni, interiori. Disegni decorativi di delfini araldici e mostri marini, utilizzati per illustrare le mappe, come la Carta marina, una pratica che scomparve con l'avvento della moderna cartografia. Eppure persistono fino ai giorni nostri storie di mostri marini e testimonianze dirette che rivendicavano di avere visto tali bestie. Il viaggiatore assente cerca ora un modo per far quadrare questi avvistamenti, ecco sì, sono stati catalogati dagli studiosi del folclore, ma c'è una parola più strana per questi studi, quasi un mostro la parola stessa per come suona: criptozoologia.

Racconti di mostri in tutte le culture, resoconti di testimoni oculari da ogni parte del mondo. Adesso il viaggiatore assente si rende conto che l'orizzonte si amplia enormemente nel tempo e nello spazio, rispetto a quel giorno d'estate del 1900 sul lago Seneca. Ci si può addentrare in quest'orizzonte? Se lo può permettere il viaggiatore assente, che è stato assente per lungo tempo dall'orizzonte, da qualsiasi orizzonte. Può aprire una finestra sul mondo del folclore, criptico, sì proprio così, così criptico che da soli ci si può perdere. Per esempio, Avieno narra del viaggio dell'esploratore cartaginese Himilco "… laddove mostri degli abissi e bestie nuotano tra le lente e striscianti navi." E che dire di Sir Humphrey Gilbert, che affermò di aver incontrato un mostro simile ad un leone dotato di "occhi abbaglianti" durante il suo viaggio di ritorno dopo aver formalmente reclamato St. John's, Newfoundland, inglese nel 1583. Si trattava di mostri dell'anima? Dei sogni mai sazi dell'avido esploratore di nuovi mondi che si era confrontato con la sua sete di conoscenza ed era per questo stato punito? E poi luglio del 1734, Hans Egede, un missionario danese/norvegese, racconta che, in viaggio verso Gothaab/Nuuk sulla costa ovest della Groenlandia apparve un animale marino davvero terribile, che si innalzava al di sopra delle acque, la cui testa sormontava l'albero maestro. Aveva un muso lungo e appuntito, e sfiatava come una balena, aveva pinne lunghe e larghe, e il suo corpo era come coperto da pelle coriacea, attorcigliato su se stesso e dalla pelle raggrinzita; inoltre, nella parte inferiore aveva la forma di un serpente, e quando scese di nuovo sott'acqua, si lanciò all'indietro, e facendo questo, sollevò la coda sopra l'acqua, lunga quanto una nave intera dal suo corpo.

monsters, inside, interior monsters. Decorative drawings of heraldic dolphins and sea monsters, used to illustrate maps, like on a sea map, a practice that later disappeared with the coming of modern cartography. Yet stories and sightings of sea monsters persist until our days, claiming to have seen such beasts. The absent traveler is looking now for a way to make sense of these sightings. Yes, they have been catalogued by scholars of folklore, but there is a strange word for these studies, almost a monster itself in the way the word sounds: cryptozoology.

Tales of monsters in all cultures, eye witness accounts everywhere in the world. Now the absent traveler realizes that the horizon expands enormously in time and space, with respect to that summer day in 1900 on Seneca Lake. Can one penetrate this horizon? The absent traveler can afford this luxury. He has been absent for a long time from that horizon, from any horizon. He can open a window on the realm of "cryptic" folklore, yes, that's it, so cryptic that one can get lost by going alone. For example, Avieno tells of the Carthaginian explorer Himilco: "… there where monsters of the abyss swim among the slow and crawling ships." And what about Sir Humphrey Gilbert, who claimed to have met a monster similar to a lion with "dazzling eyes" during his return trip, after formally claiming St. John's, Newfoundland, as English in 1583. Were these monsters of the spirit, of the never satiated dreams of the avid explorer of new worlds, who faced his thirst for knowledge and was punished for it? Then, in July of 1734, Hans Egede, a Danish-Norwegian missionary, tells that, when traveling toward Gothaab/ Nuuk, on the west coast of Greenland, a truly horrible marine animal appeared. It surfaced above the water, its head surmounting the mast. It had a long, pointed snout, and exhaled like a whale. It had long, large fins, its body covered by tough skin, twisted around itself, and wrinkled skin. Its lower half had the form of a snake, and when it went under water again it threw itself back, in doing so it lifted its tail, as long as the whole ship, above the water.

After this description, the absent traveler must absolutely go back to that summer day in 1900. Here he is again, on Seneca Lake, to check if there is something in common between the two descriptions: a long snout, yes, there is that in common, but then the whale shape does not coincide. However, the tough skin seems that of a turtle, that of

Dopo questa descrizione il viaggiatore assente deve assolutamente tornare a qual giorno d'estate del 1900, eccolo sul lago Seneca di nuovo, per vedere se c'è qualcosa in comune tra le due descrizioni: muso lungo, sì certo quello è in comune, ma poi la forma di balena non coincide, tuttavia la pelle coriacea sembra quella dura della tartaruga, quella del mostro del lago Seneca. Poi ecco la moderna tecnologia applicata alla zona criptica dei mostri: il misterioso "Bloop" recuperato tramite attrezzature idrofoniche nel 1997. Un momento di ascolto del mostro, un documento audio captato, il suono di un animale che fu ritenuto troppo grande per essere una balena. Investigazioni inconcludenti, pretesa di poter carpire suoni o immagini, pretesa della scienza che esorcizza i mostri, pretesa di un mondo che esorcizza i mostri.

Il viaggiatore assente deve ora ripartire, sente di dover lasciare i mostri alle loro cripte e ai criptici dibattiti. Ma le possibilità di classificazione dei mostri si possono estendere a: squali-lucertola, squali elefante, pesci-remo, calamari giganti, seppie, o balene. Mostri del presente e del passato, mostri d'oggi come di quel giorno d'estate del 1900 sul lago Seneca. Forse rettili marini giganti, come l'ittiosauro o il plesiosauro, dei periodi giurassico e cretaceo, o balene oramai estinte quali il basilosauro. Oppure solo sbagli d'interpretazione, pensa allora il viaggiatore assente, che siano state solo carcasse di squali o balene, alghe galleggianti, tronchi o altri relitti quali zattere, canoe o reti da pesca abbandonate?

the monster of Seneca Lake. Then there is modern technology applied to the cryptic realm of monsters: the mysterious "Bloop" recovered through hydro-phonic devices in 1977. It was a moment of listening to the monster, a recorded audio, the sound of an animal that was considered too big to be a whale. Inconclusive investigations, the claim to understand sounds or images, science's claim to exorcize monsters, the world's claim to exorcize monsters.

The absent traveler must now leave again, he has to leave the monsters to their crypts and to cryptic debates. But the variety of classification of monsters can be expanded to: shark-lizard, shark-elephants, oar-fish, giant squids, cuttlefish, or whales. Monsters of the present and the past, today's monsters, like on that summer day in 1900 on Seneca Lake. Maybe giant marine reptiles, like the ichthyosaurus or the plesiosaurus, in the Jurassic and the Cretaceous periods, or such whales now extinct as the basilosaurus. Or just misinterpretations, the absent traveler thinks: could they have just been carcasses of sharks or whales, floating seaweed, trunks or other wreckages such as rafts, canoes, or abandoned fishing nets?

IX. Come si cattura un suono

Il più antico manoscritto di ballate e canzoni dello stato di New York contiene moltissimi temi d'amore. Il visitatore assente se lo chiede, si chiede il perché. Era forse perché canzoni di quel tipo erano più facili da ricordare a memoria? Perché non avevano bisogno di essere trascritte su carta? E' cosi che il visitatore s'avvicina a quei testi, ora tutti organizzati e stampati e rilegati. Ora sono tutti raccolti, non più svolazzanti da casa a casa, in transito da bocca a bocca nel processo orale che li disegnava e li espandeva, continuamente, nelle sere remote, nei luoghi remoti dello stato di New York. Da bocche parlanti ad orecchi ascoltanti, così quei testi sono stati pronunciati, sono stati uditi, così, da famiglie raccolte intorno ad un fuoco, solitarie aree di bosco e forse lago, o forse solo aperta campagna. Nel transito, se ne sono ricordate magari solo certe parti, certe parole, ma alle parole mancanti se ne sono sostituite altre, altre parole inserite lì nella voce da altre bocche di altri, sempre altri, mai gli stessi. Così il visitatore guarda ora ad una lunga concatenazione di voci, strumenti minimi dell'esistenza di altri, venuti prima di lui a pronunciare quelle parole di canzoni e ballate dello stato di New York. Emerge allora un senso di rispetto, silenzioso e interiore. Rispetto per quelle voci lontane e per quelle pronunce lontane, forse sommesse, circolanti entro i limiti di una fattoria, di un bosco, di una casa, di un lago. C'è un limite della voce individuale, ma non ci sono limiti alla catena di bocche parlanti ed orecchie ascoltanti. Da allora fino ad ora, a quest'ora, nel momento in cui il visitatore posa i suoi occhi sulla pagina stampata, organizzata, secondo una geografia del senso, dei sensi, quelli che arrivano dal corpo, quei cinque sensi che sono tutti lì al momento della lettura. Perché è a quel momento che il visitatore assente capisce la presenza di quelle voci, di quel testo che indica una domenica sera, così, seduti in un angolo con le dita che poggiano sulle braccia, come in riposo, in stato di quiete, ecco, così:

IX. How to Capture a Sound

The most ancient manuscript of ballads and songs of New York State contains many love themes. The absent visitor wanders why. Was it because that kind of songs were easier to memorize? Because they didn't need to be transcribed on paper? This is how the visitor approaches those texts, all now organized and printed and bound. They are now all collected, no longer flying from house to house, in transit from mouth to mouth, in the oral process that designed and spread them around, constantly, in the remote evenings, in the remote places of New York State. From talking mouths to listening ears, this is how those texts were uttered, were heard, like this, by families gathered around a fireplace, isolated areas of woods and maybe lakes, or maybe just open countryside. In passing, only certain parts, certain words, were recalled, but other words replaced the missing ones. Other words were put there in the voice from the mouths of others, always others, never the same ones. The visitor is looking now at a long chain of voices, minimal instruments of others' existence, who came before him to utter those words of songs and ballads of New York State. There then transpires a sense of respect, silent and internal. Respect for those distant voices and distant utterances, maybe low ones, circulating within the confines of a farm, a forest, a house, a lake. There is a limit to the individual voice, but there are no limits to the chain of talking mouths and listening ears. Since then, until now, right now, when the visitor lays his eyes on the printed, organized page, according to a geography of sense, of the senses, those coming from the body, those five senses that are all there in the moment of reading. Because at that moment the absent visitor perceives the presence of those voices, of that text that suggests a Sunday evening, like this, sitting in a corner with fingers pressed into arms, as if resting, in a state of peace, here, like this:

Occhi luminosi solo per te
Riflessi sul tuo viso
Mentre il cuore batte sotto
Quel vestito domenicale
Siamo nel giorno di riposo
Le ore sembrano minuti
E prendono il volo
Mentre gli altri dormono
Sognando delle cose
Dette prima o dette mai
Amatevi, amate gli altri
Si dice, si recita spesso

È così che il visitatore ora entra in quelle voci, in mezzo a loro si mette lui stesso a recitare, ora presente a piena voce, lui stesso lì, in quella catena umana di voci, da bocca a bocca, da orecchio ad orecchio, in un angolo della mente, nello spazio che fa vivere, che dà vita, così si recita spesso, dentro se stessi, o fuori di sé, con altri, per altri, così:

Era primavera d'anno ancora giovane
Giovani fiori giovani i volanti e gli altri
Che apparivano felici o forse solo io
Apparivo felice come felice può essere il marinaio
Che per tre mesi naviga come in volo sull'acqua
Mentre la mattina va verso il tramonto
E passa da un anno all'altro come in sogno
In un sonno profondo che porta l'anima
Al fondo dell'oceano al fondo di tutto
Magari potessi dormire, magari sognare
Offrire l'anima al mare e alle onde blu

Qui il visitatore si è intromesso, ha portato qualcosa di sé, qualcosa d'altri mondi in un mondo fatto da sé. Non può continuare, sembra, vorrebbe entrare meglio nel circuito delle voci negli angoli della sera, ma poi saprebbe uscirne? Saprebbe poi ritrovare la via esposta alle luci che lo riporta ogni volta a casa, la sua, oppure vorrebbe per sempre

Bright eyes just for you
Reflections on your face
While the heart beats under
That Sunday dress
It is the day of rest
Hours feel like minutes
And they fly away
While the others are sleeping
Dreaming of things
Said earlier or never said
Love each other, love others
Is said, is often recited

The visitor now enters those voices, in the middle of which, he begins to recite, now he is present in full voice, right there, in that chain of human voices. From mouth to mouth, from ear to ear, in a corner of his mind, in the space that allows life, that gives life, this way one often recites, inside oneself, or outside, with others, for others, like this:

It was the spring of a still young year
Young flowers young flying ones and the others
Who looked happy or maybe only I
Looked happy as happy as the sailor
Who for three months sails like flying on the water
While the morning turns into sunset
And passes from one year to the next as in a dream
In a deep sleep that carries the spirit
To the bottom of the ocean, the bottom of everything
I wish I could sleep, I could dream
Offer the spirit to the sea and the blue waves

Here the visitor has interfered, has brought something of himself, something from other worlds into a world made of his own self. It seems he can't continue. He would like to enter the circle of voices in the evening's corners, but would he be able to come out? Would he be able to find again the street exposed to the light that brings him

rimanere nelle case di altri ad ascoltare, recitare, a fare da tramite, anello di una catena, collana fatta di canti, canti che arrivano via mare, via terra, come si cattura un suono? Se lo chiede il visitatore, lo si registra, lo s'imprime nella mente, lo si riproduce, tale e quale eppure diverso, pronunciato di nuovo, con leggera inflessione, curvature del suono e del senso, esposto al volo degli uccelli, agli oracoli del tempo. Come si catturano voci qui, nello stato di New York? Il visitatore esce ora all'aperto e cerca un orizzonte. La vita è un lungo manoscritto, allora il momento vitale, l'attimo delle cose, d'ogni cosa, d'ogni voce o suono è tutto ciò che accade prima della pagina. Ci s'incontra mai con la propria vita? Domanda necessaria, ora, per il visitatore. Se bisogna spettare il manoscritto organizzato che è la vita, allora che cosa si fa quando la vita vera accade, dove siamo quando la vita vera accade, prima di quella registrata sul manoscritto? Il visitatore può solo uscire, ora. Nient'altro lo trattiene nella sala delle pagine organizzate, quelle che rimangono, esce fuori per ricevere più suoni, mettersi nel circolo in cui la vita vera accade, quella che non si può scrivere.

home every time, to his home, or would he like to stay forever in other people's houses to listen, to recite, to be a medium, a ring in a chain, a necklace made of chants, chants that arrive from the sea, from the land, how does one capture a sound? The visitor wonders, does one record it, imprint it in the mind, reproduce it, the same, yet different, uttered again, with a slight inflection, bends of sound and sense, exposed to the flights of birds, to the oracles of time. How does one capture voices here, in New York State? The visitor now goes out in the open and looks for a horizon. Life is a long manuscript, thus the vital moment, the instant of things, of everything, of every voice or sound, all this occurs prior to the page. Does one ever encounter one's own life? A necessary question, right now, for the visitor. If one has to wait for the organized manuscript of life, then what is one doing when life really happens, where are we when true life occurs, prior to the life recorded in the manuscript? The visitor can only go out now. Nothing else keeps him in the room of the organized pages, those that remain. He goes out to absorb more sounds, to place himself in the circle where true life occurs, which can't be written.

Smithsonian Report, 1904.—Symonds. PLATE I.

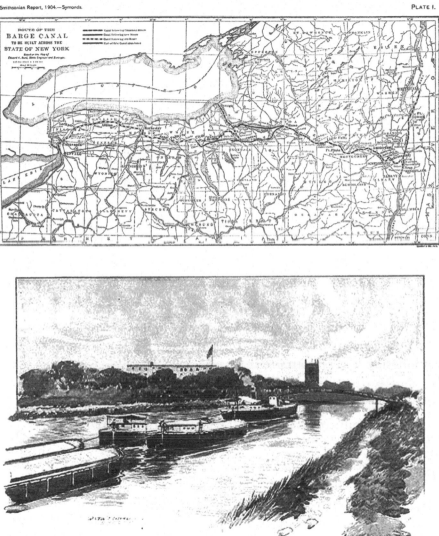

A VIEW OF THE ERIE CANAL NEAR WEST TROY SHOWING THE MODERN STEEL BARGES

X. Il canale Erie

Così vanno le storie che si narrano nello stato di New York, giungono all'orecchio del viandante o viaggiatore, di chi per caso attraversa il confine tra sonno e veglia, tra una mappa geografica ed un'altra, tra la linea violetta del tramonto e quel territorio impercettibile chiamato sera.

Siamo così, proprio adesso, nel 1840, anno di grandi migrazioni nella zona del canale chiamato Erie. Per scavare quel canale ecco arrivarne a migliaia, in gran parte dall'Irlanda. Eccoli lì a scavare e scavare, ma con quel ritmo ecco nascere anche canzoni, che sostenevano le braccia ed il respiro. Eccole lì quelle canzoni, poi messe su carta, quando perdute le voci, quelle vive, rimangono i segni su carta, tracce che indicano passaggio e presenza, e presenza della presenza. Ora solo su carta ad offrire tracce di voci, di suoni consegnati al vento, allo spazio del canale Erie, proprio lì nel 1840.

Il viandante o viaggiatore che per caso s'avvicina a quel canale vede solo costruzioni, opere umane fatte da umani, ma da qualche parte della mappa o nel sonno, da qualche parte può ancora ascoltare parte dei suoni, forse voci, che nel respiro tracciano segni nell'aria, o segnali luminosi, come per attrarre il passeggero. Voci che dicono di donne perdute, amanti mai viste, terra dura, cavalli di razza, a milioni le voci irlandesi e poi d'altri paesi, a migliaia poi a milioni, quelle voci che risuonano, come per tramandare i segreti del canale Erie:

Tutto ciò che voglio è libertà
Ciò che cerco è libertà
In un paese straniero dai mille volti
Alcuni piangono, altri ridono
Mille volti, mille alla volta
Ogni volta per questa ballata
In un paese straniero dai mille volti
Alcuni languiscono, altri singhiozzano
Tutto è scritto sui mille volti
Mille volte, ogni volta.

X. The Erie Canal

So they go, the stories that are told in New York State. They reach the ear of the wayfarer or the traveler, those who by chance cross the line between sleep and waking, between one map and the other, between the violet hour of sunset and that imperceptible territory called evening.

Here we are, right now, in 1840, a year of big migrations in the area of a canal called Erie. Thousands arrived to dig that canal, mostly from Ireland. Here they were digging and digging. Through rhythm, songs were born to sustain the arms and the breath. Here are those songs, later put on paper, once the voices got lost, the live ones. What remains are signs on paper, traces that indicate passage and presence, and presence of presence. Now only on paper, to offer traces of voices, of sounds handed over to the wind, to the space of the Erie Canal, right there, in 1840.

The wayfarer or traveler who by chance gets near that canal can see only buildings, human works made by humans, but somewhere on the map or while sleeping, somewhere one can still hear parts of the sounds, maybe voices that while breathing draw signs in the air, or bright signals, to attract passengers. Voices that tell about lost women, lovers never seen, hard land, thoroughbred horses, millions of Irish voices, later from other countries, by the thousands, then millions, those voices echo, as if to hand down the secrets of the Erie Canal:

All I want is freedom
What I am looking for is freedom
In a foreign country of a thousand faces
Some cry, others laugh
A thousand faces, a thousand at a time
Every time for this ballad
In a foreign country of a thousand faces
Some languish, some sob
Everything is written on the thousand faces
A thousand times, every time.

Qui si tracciano segni di ballate, tracce rivolte alla storia, quando storia ancora non c'era, nel territorio del canale Erie, quando la storia era da tracciare, ancora a pezzi, zone di terra sparse, quando di storia ancora non ce n'era. C'erano solo mille volti rivolti all'indietro, mille facce a caccia di segni, segni mescolati col sangue delle mani, lacrime ed inchiostro, ormai nostro, oggi che la storia è stata tracciata, tracciata e già scritta come ballate udite poi scritte, quindi voci di carta che oggi il viandante o passeggero imprime nella sua mente, nel sonno:

Quando avevo ventuno anni, allora sì
Sì che potevo lavorare e fui servo poi padrone,
Servo onesto, servo fedele, servo di signori
Servo onesto e sempre desto
Fino al giorno brutto e funesto
In cui sbandato divenni e fui rinnegato
E buttato via dalla casa del canale Erie.

Storie tristi, magari misere, che risuonano all'orecchio del viandante, che suonano da lontano come voci, voci della giovane che promette fedeltà, del ragazzo che pronuncia "arrivederci". Voci che segnano un inizio, voci che segnano una fine. Voci che arrivano tardi, che finiscono un ciclo, alla fine della costruzione del canale Erie. Quando alla fine rimane la storia, quella segnata e scritta. La storia già decisa in assenza dei presenti, quelli veri, che l'hanno fatta quella storia. In presenza di un'assenza, dunque. Qui si ferma il passeggero, perché l'ascolto delle voci assume allora il senso di un'assenza, di presenza di un'assenza, che però continua a parlare e recitare, passo dopo passo, verso dopo verso:

Gettato via son stato, ve lo dico
Lo dico adesso e per sempre, gettato
Perché ho preso la figlia del signore,
Lei però mi amava e me lo disse
In giugno di sera al tramonto
Mi disse siamo insieme adesso
Siamo in due, così disse e così fu
Quando in due partimmo da lì

Here one traces signs of ballads, traces that turn to history, when history was not there yet, in the territory of the Erie Canal. When history was yet to be written, still in bits and pieces, scattered lands. When history was not there yet. There were just a thousand faces turned back, a thousand faces looking for signs, signs mixed with blood of the hands, tears and ink, by now ours, today that history has been outlined, outlined and written, like ballads first heard then written, thus paper voices that today the wayfarer or traveler imprints in his mind, in his sleep:

When I was twenty-one, oh yes
Yes I could work and was servant and then master,
Honest servant, faithful servant and always awake
Until the bad and dreadful day
When I was broken up and disowned
And thrown out the house on the Erie Canal.

Sad stories, even miserable ones, that echo in the wayfarer's ear, that sound from far away like voices, the voices of the young woman who promises fidelity, of the young man who says "goodbye." Voices that mark a beginning, voices that mark an end. Voices that arrive late, that end a cycle, at the end of the Erie Canal's construction. When, in the end, history remains, the one written and signed. History already determined in the absence of those who were present, the real ones, who made that history. Thus, the presence of an absence. Here the passenger stops, because the listening to voices acquires the sense of an absence, of the presence of absence, yet keeps on talking and reciting, step after step, line after line:

I was cast away, I am telling you
I say it now and forever, cast away
Because I took the master's daughter,
But she loved me and told me so
In June in the evening at dusk
She said we are together now
There are two of us, so she said and so it was

Con cinque monete corremmo in primavera
Col nostro furioso cavallo corremmo
Ad est e ad ovest, a nord e a sud corremmo
Niente bloccava la vista, niente ci fermò
Quelle cinque monete finirono alla ventura
Alla fine dell'avventura, come sempre
Finisce l'avventura nell'ovest, quello vecchio
Come sempre finisce e muore e come lei morì, proprio lì
Notte fonda ed alba deserta, morì, proprio lì
Di malattia incurabile, incurata, noi due incauti
Come fantasmi all'ovest, noi due morimmo quel giorno lì.

Storie tristi, magari misere, nobiltà ormai perduta, storie non certo
nobili, all'ovest come all'est, storie di chi vive o è vissuto, di chi muore
o è morto, proprio qui su questo territorio, cha a salvarsi erano in
pochi, anche se poi altre migliaia a milioni sarebbero arrivati, proprio
qui, terra senza confini nel 1840. Terra da costruire, a partire da lì, dai
molti canali, che poi divennero sentieri e poi strade e poi autostrade e
poi aeroporti e porti, di mare, di spazio, di navi spaziali, tutto a partire
da lì, da quella terra.

Il passeggero ora guarda la terra, ora il cielo, ora respira l'aria, ora
chiude gli occhi, le risente le canzoni, sono scritte, sono cantate? Sono
scritte, sono orali? Ora anche lui canta o fischia una melodia, esce fuori
come un fruscio indistinto, dapprima quasi non udibile, poi più forse,
sonorità trasparente, impressa sul filo dell'orizzonte della pagina, pagina
come confine orizzontale per il passeggero che non vede il confine,
forse solo il confine della pagina, unica linea di demarcazione, come
racconto o solitudine, come respiro, canzone interrotta, vita e morte
dei confini. Il passeggero è sul confine, su vari confini, quello tra sonno
e veglia, quello tra scrittura e voce. Lui li sostiene questi confini, li
coltiva, per sé, per gli altri, un giorno li metterà insieme, ma dove? In
una pagina stampata o solo nell'aria?

When we two left there
With five coins we ran in the spring
With our wild horse we ran and run
To east and west, to north and south we ran
Nothing blocking our eyes, nothing stopping us
Those five coins ended up in bad luck
At the end of the adventure in the west, the old one
Ends and dies, as always, as she died, right there
Dark night and desert down, she died, right there
Of an incurable illness, uncured, we two imprudent
Like ghosts of the west, we two died that day.

Sad stories, even miserable ones, nobility now lost, stories not at all noble, in the west as in the east, stories of those who live or lived, of those who die or died, right here in this territory, just a few survived, even though more thousands, millions would arrive, right here, land without borders in 1840. Land to be built upon, starting from there, from the many canals, that later became paths and then roads and then highways and then airports and ports, of the sea, of space, of spaceships, all starting from there, from that land.

The passenger looks now at the land, now at the sky, now he breathes the air, now he closes his eyes, he hears the songs again, are they written, are they sung? Are they written, are they oral? Now he is singing or whistling a melody, it comes out like an indistinct rustle, at first almost inaudible, then louder, a transparent sonority, imprinted on the line of the page's horizon. The page is a horizontal boundary for the passenger who does not see the borderline, maybe just the border of the page, the only line of demarcation, like a tale or a solitude, a breath, a broken-off song, life and death of borders. The passenger is on the border, on various borders, the one between sleep and waking, the one between writing and voice. He supports these borders, he cultivates them, for himself, for the others, one day he will put them together, but where? On a printed page or just in thin air?

XI. Temi indiani 1

All'origine, se mai c'è stata un'origine, all'origine del mondo dell'America america, quella solo Americana, appartenente agli Indiani d'America. È con questa presenza/assenza che il visitatore curioso s'avvicina a ciò che si dice degli Indiani nello stato di New York. Presenza/assenza degli indiani nel territorio usurpato. Circa 1840, nessuna minaccia da parte degli Indiani nello stato di New York, nessuna ombra rimasta e se ce n'erano ancora, d'Indiani, erano ormai isolati, trasportati a forza in riserve nella zona del Seneca.

Che tradizione è, di che si tratta, presenza dell'assenza, fantasmi degli Indiani d'America in America. La tradizione del "nobile selvaggio"? Quello che canta canti di morte, di celebrazioni mortali indirizzate ai nemici? Mito dell'Indiano come mito romantico? Quello secondo cui l'Indiano poteva essere accettato nel prossimo secolo. Testi di canzoni trovati e poi dispersi e poi ritrovati tra mille carte, la canzone di morte intitolata "Alknomook":

Sole, sole, dei vari soli che scompare a notte
Sole solo sole della gloria che rimane quando gloria e sole scivolano via,
Sole che da solo protegge i tormenti del figlio che mai si lamenta
Ricorda i luoghi del bosco e gli scalpi durante imboscate
Ricorda le fiamme urlate nel dolore, dolore trovato, dolore procurato
Sorte violenta alla luce del sole, sole che da solo protegge i tormenti
Del figlio che mai si lamenta.

Ora vado me ne vado, vado là dove trovo mio padre
Tra fantasmi, là dove si festeggia la fama del figlio
Morte che viene amica, amica fedele a sollevare dal tormento.

È qui che l'antica famiglia Stevens ci lascia una canzone tradizionale indiana, loro non Indiani, ma solo osservatori, poi depositari di una traccia, di una tradizione senza traduzioni, fatta di mille voci e canti immortali, quelli degli dèi sconosciuti, forse strani, ma certamente crudeli.

XI. Indian Themes 1

In the beginning, if there ever was an origin, at the origin of the world of the American America, the exclusively American one, belonging to the American Indians. It is with this presence/absence that the curious traveler approaches what people say about the Indians in New York State. Presence/absence of the Indians in the usurped territory. About 1840, no threat from Indians in New York State, no shadows left, and if they were still there, the Indians, they were isolated by now, transferred forcibly to the reservations of Lake Seneca.

What tradition is it, what is it about, presence of absence, ghosts of American Indians in America? The tradition of the "noble savage"? The one who chants death chants, of mortal celebrations addressed to the enemy? Myth of the Indian as a Romantic myth? According to which, the Indians could be accepted in the incoming century. Lyrics of songs found, then lost, then found again among thousands of papers, this death song entitled "Alknomook":

Sun, sun, of the various suns that disappears at night
Sun only sun of the glory that remains when glory and sun fade away,
Sun that alone protects the torment of the son who never complains
He remembers the places in the woods and the scalps during the ambushes
He remembers the flames screamed in pain, the pain found, the pain caused
Violent fate in the light of the sun, sun that alone protects the torment
Of the son who never complains.

Now I am going, leaving, I am going where I will find my father
Among ghosts, there where people celebrate the son's fame
Death that comes as a friend, faithful friend to relieve the torment.

Here the old Stevens family leaves us a traditional Indian song. They were not Indians, only observers, later guardians of a trace, of a tradition with no translations, made of thousands of voices and immortal chants, those of the unknown gods, maybe strange ones, but certainly cruel.

Una canzone riguarda il figlio di un capo tribù e la donna che lo aveva fatto innamorare:

Lascio, lascio tutto e parto, lunga distanza a ovest dell'ovest
Più ovest che mai, più ovest, alle scene d'infanzia
Dove acque brillanti portano spiriti di antenati
Parto, parto subito, per il luogo della cascata d'acqua della madre
Che col cuore d'oro veglia sul figlio lungo il fiume
Vado, vado adesso, per valli e colline a respirare
Dove respirano i morti, gli avi che non vedo più
Dove l'orgoglio fa tutto e ha fatto tanto di me
Dove l'orgoglio fa tutto da mio padre a me
Mio padre il capo, occhi scuri e senso di sé
E la donna che disse l'amore è già lì
Solo coperto sotto il pioppo già lì,
Puro come neve, da scoprire con me.
Allora vado, vado subito, vado lì col cuore in mano puro così
Come neve già sciolta,
E lì giace il mio corpo, proprio lì
Corpo di cenere che giace adesso e tace.

È qui che le tracce prendono forma, che i canti diventano echi imparati a memoria, che un ritmo si fa ritmo di vita, vitale, senza manoscritto, senza scrittura, dove la vita canta e il canto vive. Il passeggero curioso si chiede ora: è questa la forma o è il contenuto? Volo a bassa quota, volo d'uccelli migratori, che portano canti da un territorio all'altro. Ma ora il passeggero modifica la sua domanda: è questa la forma del contenuto o il contenuto della forma?

One song concerns the son of a tribe's chief and the woman he fell in love with:

I am leaving, leaving everything and going, long distance west of west
Further west than ever, further west, to the scenes of childhood
Where bright waters carry the ancestors' spirits
I am leaving, leaving right now, to the place of the mother's waterfall
Who with a golden heart watches over her son along the river
I am going, going now, through valleys and hills to breathe
Where the dead breathe, the ancestors I no longer see
Where pride makes everything and made much of me
Where pride makes everything from my father to me
My father the chief, dark eyes and sense of self
And the woman who said: love is right there
Only covered, under the poplar tree right there,
Pure like snow, to uncover with me.
Thus, I am going, going right away
Going there with my heart in my hand,
Pure like this, like melted snow,
There lies my body, right there
Body of ashes that lies there now in silence.

Here traces are shaped, the chants become echoes learned by heart, a rhythm becomes rhythm of life, vital, without a manuscript, without writing, where life sings and the chant is alive. Is this the form or the content? The curious passenger now asks. Low flight, flight of migrant birds that carry chants from one territory to another. Now the passenger modifies his question: is this the form of the content or the content of form?

XII. Temi indiani 2

Avete notato che ogni cosa fatta da un Indiano è in un cerchio? Se lo chiede il visitatore, ora sempre più attento alle narrazioni: questo succede perché il Potere dell'Universo agisce secondo dei cerchi e ogni cosa tende ad essere rotonda. Nei tempi antichi, indiani, popolo felice, ogni loro potere derivava dal cerchio sacro della Nazione e, per tutto il lungo periodo in cui non venne spezzato, il popolo indiano prosperò. Tutto ciò che il Potere del Mondo compie è realizzato in un cerchio. Il cielo è rotondo e la terra è rotonda e tutte le stelle lo sono. Il vento, al colmo del suo furore, forma dei vortici. Gli uccelli costruiscono i loro nidi facendoli a cerchio. Il sole sorge e tramonta disegnando un cerchio. La luna fa lo stesso ed entrambi sono rotondi. Persino le **stagioni**, nel loro alternarsi, formano un grande cerchio e tornano sempre al punto di partenza. La vita dell'uomo è un cerchio dall'infanzia all'infanzia, ed è lo stesso per ogni cosa che il potere anima.

A volte non si capiscono le preghiere, pensa il visitatore, si cantano canzoni di lode al vento, si pregano idoli. Senza capire, e solo perché un modo di preghiera è diverso da un altro, quindi si condannano gli altri, come anime perse.

Ora il visitatore è stupito del fatto che gli Indiani insegnavano ai bambini a restare seduti immobili e a prenderci gusto. Insegnavano loro a sviluppare l'olfatto, a guardare là dove, apparentemente, non c'era nulla da vedere, e ad ascoltare con attenzione là dove tutto sembrava calmo. Un bambino che non può stare seduto senza muoversi era un bambino sviluppato a metà. Gli indiani respingevano un comportamento esagerato ed esibizionista poiché lo giudicavamo falso. Un uomo che parlava senza pause era considerato maleducato e distratto. Un discorso non veniva mai iniziato precipitosamente né portato avanti frettolosamente. Nessuno poneva una domanda in modo avventato anche se fosse stata molto importante. Nessuno era obbligato a dare una risposta. Il modo cortese di iniziare un discorso era di dedicare un momento di silenzio a una riflessione comune. Anche durante i discorsi facevamo attenzione a ogni pausa, nella quale l'interlocutore rifletteva.

XII. Indian Themes 2

Have you ever noticed that everything made by an Indian forms a circle? The visitor wonders, now ever more attentive to the telling: it happens because the Power of the Universe operates in circles and everything tends to be round. In ancient times, the Indians, a happy people, each of their powers derived from the Nation's holy circle. For the entire long period when it was never broken, the Indian people prospered. Everything that the World's Power achieves is in a circle. The sky is round and the earth is round, and all the stars are as well. The wind, at the peak of its fury, makes vortexes. The birds build their nests in the shape of a circle. The sun rises and sets drawing a circle. The moon does the same and both are round. Even the seasons, in their succession, form a big circle and always come back to the starting point. Human life is a circle from childhood to childhood, and it is the same for everything the Power animates.

The visitor thinks: sometimes one doesn't understand prayers, people sing songs of praise of the wind, they pray to idols. Without comprehending, and just because one way of praying is different from another, one condemns the others, as if they were lost souls.

Now the visitor is amazed by the fact that the Indians taught their children to stay sitting still and to like it. They taught them to develop their sense of smell, to look where there was apparently nothing to see, and to listen attentively where everything seemed still. A child who couldn't sit still without moving was just half-developed. The Indians rejected exaggerated and exhibitionist behavior, because they considered it false. A man who talked without pauses was considered rude and distracted. One never started a speech in a precipitous manner, nor carried it out hastily. Nobody asked a question hastily, even if it was very important. Nobody was obliged to give an answer. The polite way to begin a speech was to dedicate a moment of silence to common reflection. Even during a speech they paid attention to every pause, when the interlocutor reflected. For the Dakotas, silence was eloquent. In misfortune as in pain, in dark moments of illness and

Per i Dakota, il silenzio era eloquente. Nella disgrazia come nel dolore, nei torbidi momenti della malattia e della **morte**, il silenzio era prova di stima e di rispetto. Era così quando capitava qualcosa di grande e degno di ammirazione. È a questo punto che il visitatore s'inchina.

of death, silence was a demonstration of esteem and respect. When something big and worthy of admiration happened. At this point, the visitor bows.

XIII. Poesia trovata in un antico manoscritto nella cantina di una casa dello stato di New York

Qui in un angolo lontano,
in un angolo di casa e dello stato di New York.
Qui in un angolo di una domenica sera
dita congelate e senza nessun aiuto
qui a resistere al gelo, qui nell'angolo
appoggiato alla parete puntando gli occhi verso il cielo
dall'angolo di una domenica
angoli dei giorni spariti nel paesaggio
all'esterno della casa mille facce
presenti nello stato di New York.

Ogni faccia adesso illuminata
dal giorno che sembra piacevole
al freddo dello stato di New York
con mille inverni e mille facce,
dita congelate di domenica
e mille domande nel cuore che palpita
che batte contro la domenica
proprio nel giorno di riposo mani più fredde
e dita congelate per ore che sembrano minuti
adesso che volano in aria in ogni angolo
della casa nello stato di New York.

E dal modo in cui volano
le ore, i minuti sembrano piacevoli
spargono luce sulla sera che arriva
dopo in un letto freddo a sognare
di cose che la gente dice,
cose scritte nei mille volti, cose recitate,
cose d'amore, fatti che nessuno benedice,
di domenica, braccia alzate come in preghiera
braccia e mani e dita congelate.

XIII. Poem Found in an Old Manuscript in the Cellar of a House in New York State

Here in a far away corner,
in a corner of a house in the New York State.
Here in a corner of a Sunday evening
frozen fingers and without help
here to resist to chill, here in the corner
leaning against the wall, eyes directed toward the sky
from the corner of a Sunday
corners of the days disappeared into the landscape
outside of the house a thousand faces
present in New York State.

Each face is now lit up
by the day that seems pleasant
in the cold of New York State
with a thousand winters and a thousand faces,
frozen fingers on Sunday
and a thousand questions in the heart that throbs
that beats against the Sunday
right on the day of rest colder hands
and frozen fingers for hours that feel like minutes
now that they fly in the air in every corner
of the house in New York State.

In the way the hours
fly, the minutes feel pleasant
they scatter light on the oncoming evening
later, in a cold bed, dreaming
of things that people say,
things written in the thousand faces, recited tales,
tales of love, facts that nobody blesses,
on Sunday, arms raised as if in prayer
frozen arms and hands and fingers.

Parole sospese poi contratte poi pressate
con le mani contro il sonno e dal sonno
passano sulle labbra del volto che dorme
e sembra piacevole nella notte luminosa,
impossibile seguire l'orologio, fuori tempo,
fuori zona, qui nell'angolo della casa nello stato di New York.

Abbaia un cane, abbaia il tempo
di domenica e alle due è il momento
di partire, salutare le mille facce
volti piacevoli, pieni di accenti diversi,
anche l'orologio ha un accento ed il tempo
quello sì, ha un accento, il tempo che corre
la domenica sera.

Uno, due, tre baci,
tre saluti, tre parole
e pensare di non essere mai arrivati, o partiti,
di averlo rubato il tempo e messo nelle tasche
per lasciarlo lievitare, come pane che cresce
e poi viene mangiato, così mangiare il tempo,
mangiarselo, con mani fredde e congelate
ed augurarsi che tutto passi, oggi, domani, in fretta
nell'angolo della casa nello stato di New York.

Words hanging then contracted then pressed
by the hands toward the sleep and from the sleep
they move to the lips of the face that sleeps
and looks pleasant in the bright night,
it's impossible to follow the clock, out of time,
out of place, here in the corner of the house in New York State.

A dog barks, time barks
on Sunday and at two o'clock it is time
to leave, say good bye to the thousand faces
pleasant faces, full of different accents,
even the clock has an accent and time
yes, it does have an accent, time that runs
on Sunday evening.

One, two, three kisses
three greetings, three words
and thinking that we never arrived, or left,
thinking of having stolen time and put it in our pockets
to let it rise, like bread that rises
and then is eaten, therefore we eat time,
eating it up, with cold and frozen hands
wishing that everything would pass, today, tomorrow, quickly
in the corner of the house in New York State.

XIV. Anonima poesia d'amore trovata nella soffitta di una vecchia casa dello stato di New York

Un certo punto in cui
Da giovani si è innamorati
Sicuri di non sbagliare
Sicuri di non fallire
Ma al primo rifiuto
Alla prima delusione
Ecco, ci si siede proprio lì
Accanto alla foto di lei
E al momento di parlare
Allora la lingua non risponde
Non suona più di fronte alla foto
Di lei delusa, lei che ci ha deluso
Ci si blocca proprio lì
La lingua va giù non suona più
Nemmeno con anelli d'amore
Con offerte e preghiere
C'è solo delusione
Delusione della lingua che va giù
Che non parla più
Di fronte alla foto di lei
Di fronte al primo rifiuto
Si va giù e così lui
Lasciati i gioielli lasciato tutto
Partì di mattina
Alba e tramonto
Corpo ed anima
Partì per l'America
A dare il cuore, a spezzarsi il cuore
Partito per liberare l'America
Sbarcato per trovare città sotto attacco
A sfidare ombre e luci di fuochi
E nemici risoluti fino alla morte

XIV. Anonymous Love Poem Found in the Attic of an Old House in New York State

At a certain time when
When young, one is in love
Certain not to be mistaken
Certain not to fail
But at the first rejection
At the first disappointment
There, one sits down right there
Next to her photo
And at the moment of speaking
Then the tongue doesn't respond
Does not make sounds in front of the photo
Of her disappointed, she who disappointed us
One gets stuck right there
The tongue falls down no longer makes sounds
Not even wearing rings of love
With offers and prayers
There is only disappointment
Disappointment of the tongue that falls down
That no longer speaks
In front of her photo
In front of the first rejection
One falls down and so he
Left the jewels left everything
Left in the morning
Dawn and sunset
Body and soul
Left for America
To give his heart, to break his heart
Left to free America
Disembarked to find cities under siege
To challenge shadows and the lights of fires
And enemies resolved to die

E lui ormai distante, ormai su terre nuove
E lingue nuove che non parlavano
Più d'amore né di lei
Solo lingue in fiamme, come città
Come quelli risoluti a vincere,
Fu così che qualcuno lo vide ferito
E riconobbe l'uomo partito per l'America
Partito perché la lingua dell'amore non parlava più
Partito perché la lingua andava giù.
Una fine nobile? Una fuga nobile?
Ora c'era solo morte, lui steso lì
E da lì il lamento degli altri per la vita perduta
Per la donna perduta, ma lui
All'ultimo momento: "Dove la mia lingua non ha parlato più
Altre lingue parleranno e non finiranno qui, con me."
Questo resta di lui al momento della partenza
Questo fu raccolto e trascritto nel campo ora vuoto,
Nella città vuota dello stato di New York.
Questo si dice oggi tra i giovani innamorati
Aspettando il primo rifiuto,
La prima delusione.

And now distant, now in a new land
And new languages that didn't speak
Of love anymore nor of her
Only languages on fire, like cities
Like those resolved to win,
It was then that someone saw him wounded
And recognized the man who left for America
Left because the language no longer spoke of love
Left because the tongue fell down.
A noble ending? A noble escape?
Now there was only death, lying there
And from there the lament of others for the lost life
For the lost woman, but he
At the last minute: "Where my tongue no longer spoke
Other tongues will speak and won't end here with me."
This is what is left of him in the moment of departure
This was collected and transcribed in the now empty field
In the empty city of New York State
This is what today young people in love say to each other
Waiting for the first rejection
The first disappointment.

Acknowledgements

The Italian version of the fourteen short chapters that constitute *Il libro dei primati* / *The Book of Primates* was originally published in various issues of the poetry magazine "Steve" in Modena, Italy, between 2006 and 2016. My many thanks and gratitude go to Carlo Alberto Sitta, the chief editor of "Steve." In 2006 he proposed that I wrote various instalments of poetic testimony of places, customs, and traditions that I had experienced during my years in America. Many thanks and gratitude also to my wife, Olivia Holmes, who translated into English the first four chapters of the volume, and later on revised my own translations of the remaining chapters. Finally, many thanks to Michael Mirolla, the series editor, for accepting my manuscript, and to him and the staff of Guernica Editions for their suggestions during the process of publication.

About the Author

Mario Moroni was born in Tarquinia, Italy, in 1955. He actively participated in the Italian poetic scene in the late 1970s and 1980s, with publications of books and poems in anthologies, poetry readings, and collaborations. He moved to the United States in 1989, where he has taught at Northwestern University, Yale University, Colby College, and Binghamton University. Moroni has published nine volumes of poetry. In 1989, he was awarded the Italian national poetry prize "Lorenzo Montano." His poems and critical writings have been published in numerous magazines and anthologies of contemporary Italian poetry in both Italy and the United States. Moroni has published three volumes of criticism, and co-edited three collections of essays, devoted to modern and contemporary Italian and European literature and culture. He has also released three DVDs/CDs, in collaboration with various composers and musicians: "Reflections on Icarus's Land" (2006), "Reciting the Ashes" (2016), and "Recitativi" (2018). He has presented his interdisciplinary multimedia poetry performances at numerous events and festivals in the United States, Europe, and Brazil.